A sujeição das mulheres

A sujeição das mulheres

STUART MILL

Tradução
Débora Ginza

Lafonte

Título original: *The Subjection of Women*
Copyright da tradução © Editora Lafonte Ltda., 2019

Todos os direitos reservados.
Nenhuma parte deste livro pode ser reproduzida sob quaisquer meios existentes sem autorização por escrito dos editores.

Direção Editorial	*Ethel Santaella*
Tradução	*Débora Ginza*
Revisão	*Beluga Editorial*
Diagramação	*Demetrios Cardozo*
Imagem de Capa	*O Jardim do Paraíso / Mestre do Alto Reno Commons*

Dados Internacionais de Catalogação na Publicação (CIP)
(Câmara Brasileira do Livro, SP, Brasil)

Mill, John Stuart, 1806-1873.
 A sujeição das mulheres / Stuart Mill ; tradução Débora Ginza. -- São Paulo : Lafonte, 2019.

 Título original: The subjection of Women.
 ISBN 978-85-8186-406-8

 1. Direitos das mulheres 2. Igualdade 3. Liberdade 4. Mulheres - Condições sociais 5. Mulheres - História - Século 19 I. Título.

19-31147   CDD-305.4092

Índices para catálogo sistemático:

1. Mulheres : História : Século 19 : Sociologia
   305.4092

Maria Alice Ferreira - Bibliotecária - CRB-8/7964

Editora Lafonte
Av. Profª Ida Kolb, 551, Casa Verde, CEP 02518-000,
São Paulo-SP, Brasil - Tel.: (+55) 11 3855-2100,
Atendimento ao leitor (+55) 11 3855- 2216 / 11 – 3855 - 2213 – *atendimento@editoralafonte.com.br*
Venda de livros avulsos (+55) 11 3855- 2216 – *vendas@editoralafonte.com.br*
Venda de livros no atacado (+55) 11 3855-2275 – *atacado@escala.com.br*

Índice

Apresentação 7
Capítulo I 9
Capítulo II 41
Capítulo III 65
Capítulo IV 99

APRESENTAÇÃO

Vivemos em uma época em que o movimento feminista atingiu grande destaque, tendo alcançado resultados significativos para a mulher. No entanto, o início da luta em prol de seus direitos encontra-se no fim do século XVIII, como um dos frutos da Revolução Francesa (1789). Em 1791, Olympe de Gouges, dramaturga, feminista e abolicionista francesa, elaborou a "Declaração dos Direitos da Mulher e da Cidadã". A partir daí, o tema da emancipação feminina se tornou frequente em encontros de intelectuais e manifestações de caráter político-social, congregando um número crescente de ativistas. Na Inglaterra, por exemplo, em 6 de fevereiro de 1928 o Parlamento adotou a "Lei de 1918 sobre a representação popular", permitindo que 8 milhões de mulheres, acima dos 30 anos, se inscrevessem nos registros eleitorais. No entanto, apesar de algumas conquistas, o tema dos direitos iguais em todos os níveis só ganhou novas dimensões nas décadas de 1960-70, quando, por exemplo, a Organização das Nações Unidas (ONU) instituiu o Ano Internacional da Mulher, em 1975, impulsionando o movimento feminista.

O que pouco se sabe, porém, é que nos primórdios desse debate, um dos primeiros intelectuais a se manifestar, aderindo ao movimento pela igualdade de direitos, e, de forma inédita no século XIX, escrevendo sobre o tema, foi John Stuart Mill. Publicado em 1869, *A sujeição das mulheres* é um de seus trabalhos mais importantes, em que ele mostra que a mulher não é inferior, apenas diferente do homem, e defende uma forma de amizade conjugal baseada na igualdade. Também exemplifica com casos de várias mulheres vitoriosas em trabalhos tradicionalmente reservados aos homens, provando que elas são tão capazes quanto eles de assumir responsabilidades e funções de qualquer tipo.

Crítico da moralidade e dos costumes de sua época, neste ensaio Stuart Mill defende as liberdades individuais e a importância da justiça para uma vida feliz, bem como demonstra sua preocupação com o aprimoramento dos seres humanos e com a necessidade de o indivíduo participar de forma efetiva da vida política. Em sua opinião, a mulher tem qualidades nobres, especificamente femininas, como a virtude, a abnegação, a intuição intelectual e a agudeza de espírito. Para ele, tudo o que é válido com respeito à natureza e à felicidade do homem, também o é para a mulher. Seus argumentos mostram que a igualdade entre os sexos não é só uma questão de justiça e liberdade, mas condição necessária para o progresso e o aprimoramento da humanidade. Dessa forma, ele relaciona o tema da emancipação feminina aos temas da justiça, da liberdade e do progresso humano.

Capítulo I

O objetivo deste ensaio é explicar, do modo mais claro possível, os fundamentos de uma opinião adquirida em conjunto com outras opiniões sobre todos os assuntos sociais e políticos, que, em vez de ser modificada ou se tornar mais fraca, se tornou cada vez mais forte pelo progresso da reflexão e da experiência de vida.

Minha opinião é que o princípio que regula as relações sociais existentes entre os sexos – a subordinação legal de um sexo a outro – está errado em si mesmo, e, portanto, é um dos principais obstáculos para o desenvolvimento humano. Tal subordinação deveria ser substituída por um princípio de igualdade perfeita, sem qualquer poder ou privilégio para um lado e incapacidade para o outro.

As palavras necessárias para expressar a tarefa a que me propus mostram como ela é difícil. Todavia, seria um erro supor que a dificuldade do caso está na insuficiência ou obscuridade dos fundamentos da razão nos quais me baseio.

A dificuldade é que em todos os casos existe um conjunto de emoções.

Uma vez que minha opinião está fortemente ligada aos sentimentos, ela mais ganha do que perde em estabilidade, devido a certa preponderância do argumento contra ela. Se minha opinião fosse aceita como resultado de um argumento, a refutação deste poderia abalar a firmeza da convicção; mas, como está baseada somente no sentimento, quanto mais controvérsia houver, mais persuadidos ficam os adeptos de que seus sentimentos têm um fundamento mais profundo, não alcançado por argumentos. Enquanto o sentimento permanecer, ele estará lançando novos argumentos para reparar qualquer rompimento de relação.

Existem mais razões que ajudam a manter uma ligação intensa e profunda dos sentimentos com este assunto do que aquelas divulgadas e protegidas por velhas instituições e costumes; sobre elas, não precisamos pensar para descobrir que estão menos prejudicadas e perdidas do que as outras restantes através do progresso da enorme transição moderna espiritual e social. Também não precisamos supor que os barbarismos aos quais os homens se mantiveram fiéis são menores do que aqueles dos quais eles se livraram recentemente.

Em todos os aspectos, o fardo é maior sobre aqueles que atacam uma opinião quase universal. Eles devem se sentir muito felizes e notavelmente capazes se conseguirem obter alguma audiência. Eles têm mais dificuldade em obter um julgamento do que qualquer outro litigante em obter um veredicto.

Se eles realmente conseguem uma audiência, estão sujeitos a um conjunto de exigências lógicas totalmente diferentes daquelas exigidas de outras pessoas. Em todos os outros casos, o ônus da prova deve recair sobre as declarações afirmativas.

Se uma pessoa for acusada de assassinato, cabe às pessoas que a estão acusando fornecer provas de sua culpa, e não a ela provar sua inocência. Se houver uma diferença de opinião sobre a realidade de qualquer evento histórico alegado pelo qual os homens geralmente não se interessam muito, como o Sítio de Tróia, aqueles que confirmam o acontecimento do evento deverão apresentar suas provas antes que aqueles que estão do outro lado digam qualquer coisa; e, em nenhum momento, estes últimos são requisitados a fazer algo que não seja mostrar que a prova apresentada pelos outros não tem valor algum.

Mais uma vez, em termos práticos, o ônus da prova deverá estar com aqueles que são contra a liberdade, aqueles que são a favor de qualquer restrição ou proibição – seja qualquer limite de liberdade em geral das atitudes humanas ou qualquer incapacidade ou disparidade de privilégio que possa afetar uma pessoa ou tipos de pessoas, comparadas com outras.

A presunção a priori está a favor da liberdade e da imparcialidade. Acredita-se que não deveria haver nenhuma restrição, a não ser a exigida pelo bem geral, e que a lei não deveria beneficiar grandes e poderosos, mas tratar todos da mesma forma, exceto onde a diferença de tratamento fosse exigida por razões positivas, tanto legais quanto políticas.

Porém, nenhuma destas regras de evidência irá beneficiar aqueles que mantêm a opinião na qual eu acredito. É desnecessário que eu diga que aqueles que mantêm a doutrina de que os homens têm o direito de comandar e as mulheres estão obrigadas a obedecer, ou de que os homens são adequados para o governo e as mulheres são inadequadas, estão do lado afirmativo da questão, e, provavelmente, mostrarão evidências positivas para tais declarações ou estarão submetidos à sua rejeição.

É igualmente inútil dizer que aqueles que negam às mulheres qualquer liberdade ou privilégio concedido aos homens, tendo contra eles a dupla presunção de que estão se opondo à liberdade e recomendando a parcialidade, devem se manter na mais restrita prova para seu caso e, a menos que tenham sucesso em eliminar todas as dúvidas, o julgamento será feito contra eles.

Estas poderiam ser consideradas boas argumentações de defesa em qualquer caso comum, mas não serão neste exemplo. Antes que eu possa causar qualquer impressão, espera-se que eu não somente responda tudo que já foi dito por aqueles que estão do outro lado da questão, mas também imagine tudo o que poderia ser dito por eles, a fim de encontrar suas razões e expressar minha opinião sobre o assunto.

Além de refutar todos os argumentos para o lado afirmativo, serei convocado a apresentar argumentos positivos insuperáveis para provar o lado negativo.

Mesmo que eu pudesse fazer tudo isto, deixando a parte oposta com inúmeros argumentos contra eles sem resposta e sem nenhum argumento irrefutável a favor deles, eu teria feito muito pouco. Considerando uma causa apoiada, de um lado, pelo uso universal, e do outro, por uma enorme preponderância de sentimento popular, há uma presunção a seu favor, superior a qualquer convicção que um apelo à razão possa produzir em qualquer intelectual, a não ser os de uma classe elevada.

Não estou mencionando essas dificuldades para reclamar delas, porque seria inútil; elas são inseparáveis do fato de se argumentar com as interpretações das pessoas contra a hostilidade de seus sentimentos e as tendências práticas.

Na realidade, a interpretação da maioria dos seres humanos precisaria ser desenvolvida melhor do que o próprio caso, antes de pedir que eles colocassem sua confiança em seu poder de avaliar argumentos, a fim de desistir, no primeiro ataque argumentativo ao qual não fossem capazes de resistir logicamente, de princípios práticos sob os quais nasceram e foram criados e que são a base para a maior parte da ordem existente no mundo.

Contudo, eu não discuto com eles o fato de terem pouca fé no argumento, mas, sim, o fato de terem muita fé em costumes e sentimentos em geral. Um dos preconceitos característicos de reação do século dezenove em comparação com o século dezoito, é atribuir a infalibilidade aos elementos irracionais da natureza humana, que, no século dezoito, foi atribuída aos elementos racionais.

Substituímos a apoteose da razão pela do instinto; chamamos de instinto todas as coisas que encontramos em nós mesmos e sobre as quais não podemos traçar nenhum fundamento racional. Esta idolatria, infinitamente mais degradante do que a outra e a mais prejudicial das falsas adorações dos dias de hoje, é o principal suporte de todas as idolatrias e irá provavelmente manter seu fundamento até que dê lugar a uma psicologia profunda, revelando a verdadeira essência de muitas coisas que são entendidas como intenção da natureza e da ordem divina.

No que diz respeito à presente questão, estou disposto a aceitar as condições desfavoráveis que me são impostas devido ao preconceito. Concordo que os costumes estabelecidos e os sentimentos em geral devessem definitivamente ser usados contra mim, a menos que a existência de tais costumes e sentimentos, de uma época para outra, pudesse ser atribuída a outras causas e não à sua profundidade e que eles tivessem obtido sua força das piores partes da natureza humana e não das melhores. Estou disposto a aceitar que o julgamento devesse ser feito contra mim, a menos que eu pudesse demonstrar que meu julgamento foi adulterado.

A concessão não é tão grande quanto possa parecer; provar tal fato é, de longe, a parte mais fácil da minha tarefa.

A generalidade de uma prática é, em alguns casos, uma forte presunção de que é ou foi proveitosa para atingir propósitos louváveis. Este é o caso quando a prática foi primeiramente adotada e depois mantida como meio para alcançar tais propósitos, baseada na experiência do modo pelo qual eles foram efetivamente obtidos.

Se a autoridade dos homens sobre as mulheres, quando primeiramente estabelecida, tivesse sido resultado de uma comparação consciente entre os diferentes modos de constituição do governo da sociedade, após experimentar-se vários outros modos de organização social – o governo de mulheres sobre homens, igualdade entre os dois, e modos divididos e misturados de governo –, e, após isso, fosse decidido, com base na experiência, que o modo pelo qual as mulheres são totalmente sujeitas às regras dos homens, não tendo nenhum tipo de participação em assuntos públicos e estando sob a obrigação legal de obediência aos homens com quem estão ligadas pelo destino, é a combinação mais proveitosa para a felicidade e bem-estar de ambos.

A aceitação geral poderia ser, então, justamente compreendida como prova de que, na época em que foi adotada, era considerada a melhor escolha, embora tais considerações que recomendaram este modo, assim como muitos outros fatos sociais antigos de maior importância, subsequentemente, deixaram de existir ao longo dos séculos.

Todavia, o estado do caso mostra-se, em todos os aspectos, contrário a esta situação. Em primeiro lugar, a opinião a favor do sistema atual, onde o sexo mais frágil está totalmente subordinado ao mais forte, está baseada somente na teoria, uma vez que nunca houve nenhuma experiência com cada um deles.

Portanto, tal experiência, vulgarmente oposta à teoria, não pode ter ocasionado nenhum veredicto.

Em segundo lugar, a aceitação deste sistema de desigualdade nunca foi o resultado de deliberação, previsão, ou de qualquer ideia social ou noção que tenha sido direcionada para o benefício da humanidade ou para a boa ordem da sociedade.

Simplesmente surgiu do fato de que, desde os primeiros conhecimentos sobre a sociedade humana, toda mulher (possuindo o valor designado pelos homens, combinado com sua inferioridade de força muscular) estava em estado de escravidão em relação a algum homem.

As leis e os sistemas do governo civil começam com o reconhecimento das relações existentes entre indivíduos. Tais leis e sistemas convertem o que era mero fato físico em direito legal, com o consentimento da sociedade, tendo como objetivo principal a substituição dos meios públicos e organizados para declarar e proteger estes direitos, em vez de conflitos de força física irregulares e ilegais.

Aquelas pessoas que já eram obrigadas a obedecer ficaram, desta forma, legalmente limitadas a fazê-lo. A escravidão, apesar de ser uma mera questão de força entre o mestre e o escravo, tornou-se regularizada e acordada entre os senhores, que apoiavam uns aos outros para obter proteção em comum, com a garantia, por meio de sua força coletiva, de posse privada sobre cada pessoa, incluindo seus escravos. Nos tempos primitivos, a grande maioria dos homens estava sob a condição de escravo, assim como todas as mulheres.

Muitos séculos se passaram, alguns deles de grande desenvolvimento, antes que qualquer pensador fosse audacioso o suficiente para questionar a legitimidade e a necessidade social absoluta tanto de uma escravidão quanto de outra.

Aos poucos, tais pensadores chegaram à conclusão (com a colaboração do progresso da sociedade em geral) de que a escravidão do sexo masculino foi, pelo menos em todos os países da Europa cristã (embora, em um deles, somente nos últimos anos), finalmente abolida e que a escravidão do sexo feminino está gradualmente mudando para uma forma mais amena de dependência.

Porém, esta dependência, existente no momento, não é uma instituição original, conquistada a partir de considerações de justiça e de conveniência social. É a continuação do estado primitivo de escravidão, por meio de sucessivas mitigações e modificações provocadas pelas mesmas causas que atenuaram os costumes em geral e colocaram todas as relações humanas sob o controle da justiça e da influência da humanidade.

Não perdeu a mancha de sua origem brutal. Portanto, nenhuma presunção a seu favor pode ser obtida do fato de sua existência. A única presunção que poderia ser obtida deve estar baseada no fato de que esta dependência dura até o momento, quando tantas outras coisas que surgiram da mesma fonte odiosa foram abolidas.

Na realidade, é este o fato que torna estranho ouvirmos que a desigualdade de direitos entre os homens e as mulheres não tem outra fonte a não ser a lei dos mais fortes.

O fato de que esta afirmação deveria ter o efeito de um paradoxo é, em alguns aspectos, devido ao progresso da civilização e ao aprimoramento dos sentimentos morais da humanidade. Vivemos agora, quero dizer, uma ou duas das nações mais avançadas do mundo vivem agora em um estado no qual a lei dos mais fortes parece estar totalmente abandonada como princípio regulamentador dos assuntos mundiais. Ninguém reconhece tal lei e, no que diz respeito à maioria dos relacionamentos entre seres humanos, ninguém tem permissão para praticá-la. Quando alguém tem êxito em praticá-la, esta pessoa utiliza o pretexto de ter algum interesse social para tal.

Uma vez que este é o estado aparente das coisas, as pessoas se iludem acreditando que a regra de limite de força chegou ao fim e de que a lei dos mais fortes não pode ser a razão da existência de algo que vem sendo completamente realizado até os dias atuais.

Contudo, qualquer uma de nossas instituições atuais pode ter começado e sido preservada, de acordo com a própria opinião, até este período de civilização avançada, por meio de um sentimento bem fundamentado de sua adaptação à natureza humana, gerando benefícios para todos.

As pessoas não entendem a grande vitalidade e durabilidade das instituições que se colocam do lado dos fortes; a intensidade que as une; como as tendências e os sentimentos bons e ruins daqueles que têm o poder em suas mãos se identificam com o fato de ter tal poder; a lentidão com que estas instituições corruptas, uma de cada vez, se livram primeiramente dos mais fracos, começando por aqueles que estão menos entrelaçados com os hábitos diários da vida; e, os raros casos daqueles que obtiveram poder legal pela força física e perderam tal poder quando a força física passou para o outro lado.

Esta mudança de lado da força física não aconteceu no caso das mulheres; este fato, combinado com todas as características peculiares do caso em particular, assegurou, desde o primeiro momento, que o sistema de direitos baseado no poder, embora atenuado em suas características mais cruéis num período mais remoto, seria o último a desaparecer.

Era inevitável que este caso de relação social baseada no poder sobreviveria por gerações de instituições fundamentadas na justiça igualitária, uma exceção quase solitária ao caráter geral de suas leis e costumes, mas que, enquanto a própria origem não fosse declarada e uma discussão não revelasse seu verdadeiro caráter, tal relação não estaria em desacordo com a civilização moderna, menos ainda do que a escravidão doméstica entre os gregos destoava da noção que tinham de si mesmos como um povo livre.

A verdade é que as pessoas desta geração e das duas ou três últimas gerações perderam todo senso prático da condição primitiva da humanidade. Somente os poucos que estudaram a história com precisão ou visitaram as partes do mundo ocupadas por representantes vivos de épocas passadas são capazes de formar qualquer imagem mental do que era a sociedade.

As pessoas não têm consciência da totalidade da lei do poder superior como regra de vida nas eras passadas, ou de como a lei era pública e abertamente declarada – eu não diria cínica ou descaradamente, porque tais palavras sugerem um sentimento de que havia algo na lei que pudesse causar vergonha, e tal noção não poderia existir na mentalidade de qualquer pessoa pertencente àquela época, exceto para um filósofo ou santo.

A História oferece uma experiência cruel da natureza humana, quando mostra exatamente como o respeito à vida, às posses e à felicidade terrena de qualquer classe de pessoas era medido por seu poder de imposição; como todos aqueles que resistiam às autoridades que possuíam armas, não importando quão terrível fosse a provocação, tinham contra si não somente a lei do poder, mas todas as outras leis e todas as noções de obrigação social; e, aos olhos daqueles a quem resistiam, eles não eram somente culpados por um crime, mas pelo pior de todos os crimes, merecendo a punição mais cruel que os seres humanos poderiam impor.

O primeiro vestígio de sentimento de obrigação de um superior em reconhecer qualquer direito de seus subordinados surgia quando ele era induzido, por conveniência, a fazer alguma promessa aos seus inferiores. Embora estas promessas, mesmo quando sancionadas pelos mais solenes votos, tenham sido, por muitos séculos, revogadas ou violadas nas provocações mais insignificantes, é provável que isto fosse raramente feito sem causar algum remorso na consciência, a não ser pelas pessoas com moralidade pior do que a média.

As repúblicas antigas que estavam, na maioria das vezes, fundadas em algum tipo de pacto mútuo, ou que eram formadas por uma união de pessoas com igualdade de poder, proporcionaram, em consequência, o primeiro exemplo de uma parte das relações humanas protegidas e colocadas sob o domínio de outra lei que não a do poder.

Embora a lei original do poder tenha permanecido em total operação entre senhores e seus escravos e, também, entre uma comunidade e seus subordinados (exceto quando limitada por um acordo expresso) ou outras comunidades independentes, a degradação desta lei primitiva, mesmo que a partir de uma esfera limitada, iniciou a regeneração da natureza humana, provocando sentimentos os quais a experiência logo demonstrou o imenso valor, mesmo por interesses materiais, e que, a partir daí, só precisavam ser ampliados e não criados.

Apesar do fato de que os escravos não faziam parte da comunidade, foi nos estados livres que eles começaram a ter direitos como seres humanos. Eu acredito que os estoicos foram os primeiros (a não ser na medida em que a lei judaica era uma exceção) a ensinarem como parte da moralidade que os homens livres estavam ligados por obrigações morais a seus escravos.

Depois que o cristianismo se tornou ascendente, ninguém poderia deixar de seguir esta crença, na teoria; e, depois do surgimento da Igreja Católica, sempre surgiram pessoas para defender tal crença.

Contudo, colocar isto em prática era a tarefa mais árdua que o cristianismo já tinha realizado. Por mais de mil anos, a Igreja continuou nesta luta, sem nenhum sucesso perceptível.

Não era pela falta de poder sobre as mentes dos homens. Seu poder era extraordinário. Podia fazer com que reis e nobres entregassem suas posses mais valiosas para enriquecer a Igreja. Podia fazer com que milhares de pessoas, no apogeu da vida, com a melhor das vantagens terrenas, se recolhessem em conventos para trabalhar sua salvação, por meio da pobreza, do jejum e da oração.

Esta mesma Igreja também podia enviar centenas de milhares de pessoas por terra e mar, pela Europa e Ásia, para que entregassem suas vidas para anunciar o Santo Sepulcro. Podia fazer com que os reis deixassem suas esposas, que eram o objeto de sua veemente fidelidade, porque a Igreja declarava que eles estavam no sétimo grau (pelo nosso cálculo, no décimo quarto) de relacionamento.

A Igreja podia fazer tudo isto, mas não conseguia fazer com que os homens lutassem menos entre si, nem que exercessem sua tirania com menos crueldade sobre seus servos e, quando eles podiam, sobre os cidadãos. Não conseguia fazê-los renunciar das aplicações do poder, tanto do poder militante quanto do triunfante.

Os homens nunca foram induzidos a interromper o uso de tal

poder até que eles mesmos fossem obrigados a fazê-lo por uma força superior. Somente pelo poder crescente dos reis é que esta luta chegou ao fim, exceto entre os reis ou entre os que competiam por um reinado; somente por meio do crescimento de uma burguesia rica e guerreira nas cidades mais fortes, e de uma infantaria plebeia que provou ser mais poderosa em campo do que os cavalheiros indisciplinados, a tirania insolente dos nobres sobre a burguesia e sobre os camponeses foi colocada dentro de alguns limites. Por muito tempo, os oprimidos obtiveram um poder que os habilitava a frequentes vinganças evidentes.

Na Europa continental, esta vingança continuou a ocorrer até a época da revolução Francesa, embora, na Inglaterra, uma organização precoce e melhor das classes democráticas colocou fim mais rápido a esta situação, estabelecendo leis igualitárias e instituições nacionais livres.

Se as pessoas, na maioria das vezes, não estão cientes de que, durante a maior parte da existência da nossa espécie, a lei do poder foi a regra declarada de conduta geral e que qualquer outra lei era somente uma consequência especial ou excepcional de laços peculiares – e como é recente o fato de que os assuntos da sociedade em geral parecem ser regidos de acordo com qualquer lei moral –, tão pouco elas lembram ou levam em consideração o fato de as instituições e os costumes, que nunca foram baseados em outra coisa a não ser na lei do poder, durarem por séculos e dominarem os estados de opinião geral. Se elas tivessem tal conhecimento, nunca teriam permitido sua primeira instituição.

Menos de quarenta anos atrás, os homens ingleses ainda mantinham, pela lei, seres humanos em estado de escravidão, como propriedade; no presente século, tais homens podem sequestrá-los, levá-los à força e fazer com que literalmente trabalhem até a morte.

Este caso absolutamente extremo da lei do poder, condenado por aqueles que não podem tolerar qualquer forma de poder arbitrário e que, entre todos os outros, apresenta características das mais revoltantes para todos aqueles que o observam de um ponto de vista imparcial, foi a lei da Inglaterra civilizada e cristã, mantida na memória das pessoas que vivem no presente momento.

Em metade da América anglo-saxã, três ou quatro anos atrás, não somente existia a escravidão, mas o tráfico e o adestramento de escravos era uma prática geral entre os estados que aceitavam e praticavam a escravidão.

Contudo, não somente havia um sentimento maior contra esta escravidão, maior do que qualquer outro abuso comum de força, mas na Inglaterra, pelo menos, havia também um menor interesse, pois a sua razão era o amor pela obtenção de lucros, sem confusão e sem dissimulação, e aqueles que lucravam com isso faziam parte de uma pequena fração do país, enquanto que o sentimento natural de todos os que não estavam pessoalmente interessados em tal escravidão era de total aborrecimento.

Este exemplo é tão extremo que qualquer referência a outro se torna supérflua: mas, vamos levar em consideração a longa duração da monarquia absoluta.

Na Inglaterra, nos dias de hoje, é quase uma convicção universal que o despotismo militar é um caso de lei do poder, sem qualquer origem ou justificativa. Porém, em todas as outras grandes nações da Europa, esta lei do poder ainda existe, ou deixou de existir há pouco tempo, sendo que ainda há uma forte parte favorável a ela em todas as classes sociais, especialmente entre as pessoas de posição militar e de importância social. O poder de um sistema estabelecido é muito grande, mesmo quando distante de ser universal; quando, em quase todos os períodos da história, observamos exemplos famosos do sistema contrário, vemos que tais exemplos foram invariavelmente proporcionados pelas comunidades mais ilustres e prósperas.

Neste caso, também, o dono do poder indevido é a única a pessoa diretamente interessada nele, enquanto aqueles que estão sujeitos a este poder e sofrem por causa dele são literalmente todo o resto. A opressão é natural e necessariamente humilhante para todas as pessoas, exceto para aquele que está no trono, juntamente com aquele que espera sucedê-lo. Tais casos são bem diferentes do caso de poder dos homens sobre as mulheres.

Eu não estou prejulgando a questão de tal poder ser justificável. Estou mostrando quão imenso ele é e mais permanente não poderia ser, mesmo se não fosse justificável, do que estes outros domínios que perduraram até a nossa época.

Qualquer que seja a gratificação do orgulho que existe na posse deste poder, e qualquer que seja o interesse pessoal no seu exercício, tal poder não está, neste caso, confinado a uma classe limitada, mas é comum a todos do sexo masculino.

Em vez de ser, para a maioria de seus defensores, uma coisa desejável, sobretudo na teoria, ou – como são os propósitos políticos geralmente sustentados por facções – de pequena importância particular para qualquer um, menos para os líderes, é compreendido pelo indivíduo e pela consciência de cada homem que é chefe de uma família e de cada um que espera ansiosamente ser um.

O camponês exercita, ou deve exercitar, sua parcela de poder igualmente aos nobres de mais alto nível. O caso é que o desejo pelo poder é o mais forte: para todos os que desejam o poder, eles o exercem na maioria das vezes, sobre aqueles que estão mais próximos dele, com quem passam sua vida, com quem ele tem mais assuntos em comum e com quem qualquer independência de sua autoridade irá provavelmente interferir em suas preferências individuais.

Se nos outros casos especificados, cujo poder é evidentemente baseado somente na força e tendo muito menos para apoiá-lo, o processo de livrar-se de tal poder foi tão difícil e lento, muito mais deve ser com este, mesmo que não esteja baseado em um fundamento melhor do que os outros poderes. Devemos considerar, também, que as pessoas que mantêm o poder têm facilidades, neste caso, maiores do que qualquer outra, para evitar qualquer revolta contra tal poder.

Quase todos os indivíduos vivem sob os olhos e, pode-se dizer, nas mãos de um senhor – em maior intimidade com ele do que com qualquer uma de suas companheiras; sem meios de unir-se contra ele, sem poder para dominá-lo localmente e, por outro lado, com os motivos mais fortes para buscar seu favor e evitar ofendê-lo.

Nas lutas por emancipação política, todos sabem com que frequência os vencedores são comprados por subornos ou intimidados pelo terror. No caso das mulheres, cada indivíduo da classe subjugada está em um estado crônico formado por suborno e intimidação.

Ao estabelecer o padrão de resistência, um grande número de líderes e ainda maior de seguidores deve fazer um sacrifício quase que total de seus prazeres ou mitigações. Se alguma vez qualquer sistema de privilégios e de sujeição forçada teve seu domínio severamente firmado sobre aqueles que eram mantidos sob ele, este foi o sistema.

Eu ainda não mostrei que este é um sistema errado: mas todos que são capazes de pensar sobre o assunto devem perceber que, mesmo que este sistema esteja errado, foi exercido certamente para durar mais do que todas as outras formas de autoridade injusta.

E, enquanto algumas destas outras formas mais grosseiras ainda existem em muitos países civilizados ou só foram recentemente eliminadas, seria estranho se esta forma de poder, tão profundamente enraizada, fosse ainda perceptivelmente abalada em qualquer outro lugar.

Existem mais razões para imaginar que os protestos e evidências contra tal poder deveriam ter sido tão numerosos e tão opressivos quanto são.

Alguns irão objetar que uma comparação não pode ser claramente feita entre o governo do sexo masculino e as formas de poder injusto ilustradas por mim, uma vez que estas são arbitrárias e o efeito da simples usurpação do lado contrário é natural. Mas houve qualquer domínio que não parecesse natural para aqueles que o possuíam? Houve um tempo em que a divisão da humanidade em duas classes, uma pequena parte formada por senhores e outra numerosa formada por escravos, era considerada uma condição natural e a única condição da raça humana, até mesmo para as mentes mais desenvolvidas.

Um intelectual que contribui muito para o progresso do pensamento humano, Aristóteles[1], tinha esta opinião sem nenhuma dúvida ou engano; e baseava-se nas mesmas premissas nas quais geralmente está baseada a afirmação que diz respeito ao domínio dos homens sobre as mulheres, isto é, que existem diferentes naturezas entre a humanidade: naturezas livres e naturezas escravas. Ou seja, os gregos eram de natureza livre e os povos bárbaros, társios e asiáticos eram de natureza escrava. Mas por que é preciso voltar ao tempo de Aristóteles?

Os donos de escravos da parte sul dos Estados Unidos não mantinham a mesma doutrina, com o mesmo fanatismo dos homens fiéis às teorias que justificam suas paixões e tornam autênticos seus interesses pessoais? Eles não invocavam céus e terra para testemunhar que o domínio do homem branco sobre a raça negra é natural e que a raça negra é por natureza incapaz de ser livre e marcada pela escravidão? Alguns vão mais longe e dizem que a liberdade dos trabalhadores é uma ordem anormal das coisas, onde quer que seja.

Novamente, os teóricos da monarquia absoluta sempre afirmaram que esta é a única forma natural de governo; partindo da forma patriarcal, primitiva e espontânea da sociedade, enquadrada no mo-

---

(1) Referência à escravidão natural. Ver *A Política de Aristóteles*, VII, 7(NT).

delo paterno, anterior à sociedade propriamente dita, e, como eles afirmavam, era a autoridade mais natural de todas.

Além disso, a própria lei do poder, para aqueles que não podiam declarar nenhuma outra, parecia sempre ser a mais natural de todos os fundamentos sobre o exercício de autoridade.

As raças triunfantes mantinham como preceito da própria natureza que o conquistado deveria obedecer aos conquistadores, ou, como eles suavemente parafraseavam, que os mais fracos e as raças mais pacíficas deveriam submeter-se aos mais corajosos e mais valentes.

A insignificante consideração pela vida humana na Idade Média mostra como a nobreza feudal achava supremamente natural o seu domínio sobre os homens de baixa condição, e como era anormal o conceito de que uma pessoa de classe inferior reclamasse por igualdade entre eles ou exercesse autoridade sobre eles.

Parecia ainda mais anormal para a classe mantida sob sujeição. Os servos e os burgueses emancipados, até mesmo em suas lutas mais vigorosas, nunca tiveram a pretensão de dividir tal autoridade; eles simplesmente exigiam mais ou menos limites ao poder de tiranizá-los. Isto é tão verdadeiro que o não natural geralmente significa somente não habitual e tudo o que é usual parece natural.

Considerando a sujeição das mulheres aos homens um costume universal, qualquer divergência deste ponto de vista parece naturalmente ser incomum. Porém, quão inteiramente, mesmo neste caso, o sentimento depende do costume e é evidenciado pela ampla experiência.

Nada mais espanta tanto as pessoas de distantes partes do mundo, quando elas, sabendo que a Inglaterra é governada por uma rainha, acham tal fato tão incomum quanto inacreditável.

Para os homens ingleses isto não parece ser de modo algum incomum, porque eles estão acostumados com este fato; mas eles acham incomum que as mulheres sejam soldados ou façam parte do Parlamento.

Por outro lado, na época feudal, a guerra e a política não eram consideradas incomuns para as mulheres, porque realmente não eram; parecia natural que as mulheres de classes privilegiadas tivessem um caráter másculo, nada inferior, a não ser quanto à força física, a seus maridos e pais.

A independência das mulheres parecia menos incomum aos gregos do que a qualquer outro povo antigo, por conta das fabulosas Amazonas (que eles acreditavam ser históricas), e pelo exemplo parcial das mulheres de Esparta, que, embora não menos subordinadas à lei do que em outros estados gregos, eram mais livres, treinadas em exercícios físicos do mesmo modo que os homens e davam grandes provas de serem tão qualificadas quanto eles. Existem poucas dúvidas quanto à experiência espartana sugerida por Platão[2], entre muitas outras de sua doutrina, sobre a igualdade social e política entre os sexos.

Mas, deve-se dizer, a regra do poder dos homens sobre as mulheres difere de todas as outras porque não é uma regra de força: é aceita voluntariamente; as mulheres não se queixam e consentem em fazer parte desta regra.

Em primeiro lugar, um grande número de mulheres não aceita tal regra. Uma vez que existem mulheres capazes de tornar seus sentimentos conhecidos pela expressão escrita (o único modo de publicidade que a sociedade lhes permite), um número crescente delas tem registrado seus protestos contra sua presente condição social e, recentemente, milhares delas, guiadas pelas mulheres mais eminentes conhecidas pelo público, solicitaram ao Parlamento a sua admissão ao Sufrágio Parlamentar.

A reivindicação das mulheres em serem uniformemente educadas como os homens, nos mesmos ramos de conhecimentos, está crescendo intensamente e com grande perspectiva de sucesso, enquanto a exigência por sua aceitação em profissões e ocupações até aqui negadas a elas fica mais urgente a cada ano.

Embora não existam neste país, como existem nos Estados Unidos, convenções periódicas e um partido organizado para promover os direitos das mulheres, existem várias associações ativas, organizadas e gerenciadas por mulheres, a fim de obter o direito de voto. Não é somente em nosso país e na América que as mulheres estão começando a protestar, mais ou menos coletivamente, contra as desigualdades sob as quais elas vivem.

O mesmo está acontecendo na França, Itália, Suíça e Rússia. Ninguém pode com certeza dizer quantas mulheres acalentam silenciosamente o desejo por aspirações semelhantes; porém, existem inúmeras indicações de quantas acalentariam tal desejo, se não fossem tenazmente ensinadas a reprimi-lo, que é contrário às propriedades de seu sexo.

---
(2) Ver A República de Platão, I (NT).

Deve-se também lembrar que nenhuma classe escravizada jamais pediu por liberdade completa até agora.

Quando Simon de Montfort[3] convocou os deputados da Câmara dos Comuns para sentarem-se pela primeira vez no Parlamento, algum deles sonhava em exigir que uma assembleia, eleita por seus constituintes, deveria formar e derrubar ministérios e dar ordens ao rei quanto aos assuntos do Estado? Um pensamento deste tipo nem mesmo passava pela imaginação dos mais ambiciosos.

A nobreza já tinha estas pretensões; a Câmara dos Comuns não pretendia nada mais do que ficar isenta da tributação arbitrária e da terrível opressão individual por parte dos oficiais do rei. É uma lei política da natureza que aqueles que estão sob qualquer poder de origem antiga nunca comecem reclamando o poder propriamente dito, mas somente de seu exercício opressivo. Nunca houve reclamações de mulheres por estarem sendo insatisfatoriamente usadas por seus maridos.

Haveria infinitas reclamações, se estas não fossem consideradas provocações para a repetição e o aumento de tal abuso. Proteger a mulher contra tais abusos é o que inutiliza todas as tentativas de manter o poder. Em nenhum outro caso (exceto o de uma criança), a pessoa que sofreu um dano judicialmente comprovado será colocada novamente sob o poder físico do culpado por tal ato.

Da mesma forma, as esposas, mesmo nos casos mais extremos e prolongados de danos físicos, quase nunca ousam se beneficiar das leis feitas para sua proteção; e se o fazem, em um momento de indignação irrepreensível, ou por interferência de vizinhos que as induzem em fazê-lo, seus esforços são para revelar o menos que puderem e para implorar que seu tirano não tenha a punição merecida.

Todas as causas, sociais e naturais, se unem para tornar improvável uma revolta coletiva das mulheres contra o poder dos homens. Elas estão em uma posição tão diferente de todas as outras classes subjugadas, que seus senhores exigem algo mais do que seu serviço efetivo.

Os homens não querem unicamente a obediência das mulheres; eles querem seus sentimentos. Todos os homens, exceto os mais brutais, desejam encontrar na mulher mais próxima deles não uma escrava conquistada à força, mas uma escrava voluntária; não uma simples escrava, mas a favorita.

---

(3) O Conde de Leicester convocou, em 1258, os cavaleiros de todos os condados para se reunirem com os barões e os membros do clero com jurisdição e, desse modo, deu início à Câmara dos Comuns.

Portanto, eles colocam em prática tudo o que for possível para escravizar suas mentes. Os senhores de todos os outros escravos contam com o medo para manter a obediência: ou o medo deles mesmos ou o medo religioso. Os senhores de mulheres querem mais do que simples obediência e eles usam a força da educação para atingir seus propósitos.

Todas as mulheres são criadas, desde muito cedo, na crença de que seu caráter ideal é o oposto do caráter masculino: sem vontade própria e governadas pelo autocontrole, submissas e permitindo serem controladas por outros.

Todas as moralidades e sentimentos afirmam que a obrigação da mulher é viver para os outros; abnegar-se completamente e viver somente para aqueles a quem está afeiçoada.

Aqueles a quem elas estão afeiçoadas são as únicas pessoas que elas têm – os homens com quem estão casadas ou as crianças que constituem um laço adicional e invencível entre elas e um homem.

Quando juntamos três coisas – primeiro, a atração natural entre os sexos; segundo, a total dependência da esposa em relação ao marido, todos os privilégios ou prazeres que ela tem, seja um presente ou algo que dependa inteiramente da vontade de seu marido; e, por último, principal objeto da busca humana, a consideração e todos os objetos de ambição social podem geralmente ser procurados ou obtidos por ela somente por meio do marido – seria um milagre se o fato de ser atraente para os homens não se tornasse a estrela polar da educação e formação do caráter feminino.

Uma vez adquirido este excelente método de influência sobre as mentes das mulheres, um instinto de egoísmo fez com que os homens tirassem o máximo proveito disso, como meio de manter as mulheres em estado de sujeição, fazendo-as imaginar que a mansidão, a submissão e a resignação de todos os desejos individuais deveriam ser colocadas nas mãos de um homem, como uma parte essencial da atração sexual.

Pode-se duvidar que qualquer um dos outros domínios que a humanidade conseguiu romper com sucesso teria perdurado até agora, se o mesmo método tivesse existido e tivesse sido diligentemente utilizado para submeter as mentes das mulheres a aceitá-lo. Se o objetivo de vida de cada jovem plebeu fosse encontrar benevolência nos olhos de algum nobre, assim como de cada jovem servo em algum senhor feudal; se a familiarização com ele e uma parte de suas afeições pessoais fosse mantida como uma recompensa a qual todos eles devessem prestar atenção, pois o mais talentoso e o mais ambicioso seria capaz de contar com as recompensas mais desejáveis; e se, ao obter tal recompensa, eles fossem impedidos por um muro de bronze de lutar por todos os interesses que não estivessem centralizados no seu senhor, por todos os sentimentos e desejos a não ser aqueles que seu senhor compartilhava ou insinuava; não teriam sido servos e senhores feudais, plebeus e nobres, tão amplamente diferenciados nos dias de hoje como são os homens e as mulheres?

E, não teriam todos, a não ser um pensador ou outro, acreditado que a discriminação é um fato fundamental e inalterável da natureza humana?

As considerações anteriores são mais do que suficientes para mostrar que os hábitos e costumes, por mais universais que sejam, não proporcionam, neste caso, nenhuma presunção e não devem criar nenhum preconceito em favor das disposições que colocam as mulheres em sujeição social e política aos homens.

Mas, devo ir ainda mais longe e afirmar que o curso da história e as tendências da sociedade progressiva humana não proporcionam nenhuma presunção a favor deste sistema de desigualdade de direitos e, ainda, se colocam fortemente contra ele. Sendo assim, até onde o curso geral do desenvolvimento humano e o fluxo das tendências modernas garantem qualquer interferência neste assunto, pode-se dizer que esta relíquia do passado está em desacordo com o futuro e deve desaparecer por completo.

Pois qual é o caráter peculiar do mundo moderno – a principal diferença que distingue as instituições modernas, as ideias sociais modernas, a vida moderna propriamente dita, das antigas?

É que os seres humanos não nascem mais com o seu lugar na vida, acorrentados por uma inexorável obrigação moral ao lugar que nasceram, mas eles são livres para empregar suas faculdades (conhecimentos) em quantas chances favoráveis lhe forem oferecidas para alcançar o que eles mais desejam.

A antiga sociedade humana estava baseada em um princípio muito diferente. Todos nasciam em uma posição social fixa e eram mantidos em tal posição pela lei, ou proibidos de utilizar qualquer método pelo qual eles pudessem sair de tal posição.

Assim como alguns homens nascem brancos e outros negros, alguns nasciam escravos e outros nasciam livres e cidadãos; alguns nasciam nobres, outros, plebeus; alguns nasciam nobres feudais e outros, servos. Um escravo ou servo nunca poderia ser livre, a não ser pela vontade de seu senhor. Na maioria dos países europeus, até o término da Idade Média, e, como consequência do crescimento do poder real, os cidadãos não podiam tornar-se nobres.

Mesmo entre os nobres, o filho primogênito nascia como herdeiro exclusivo das posses paternas e um longo tempo se passou antes que fosse totalmente estabelecido que o pai poderia deserdá-lo.

Entre as classes industriais, somente aqueles que nasciam como membros de uma corporação, ou fossem aceitos como membros desta, poderiam legalmente praticar a profissão dentro dos limites locais; e ninguém podia praticar qualquer profissão considerada importante de outro modo, a não ser legalmente – por meio de processos autorizadamente prescritos.

Os fabricantes eram ridicularizados quando tomavam a liberdade de conduzir seus negócios utilizando métodos novos e aprimorados. Na Europa moderna, principalmente nas partes que participaram mais amplamente de outros desenvolvimentos modernos, as doutrinas opostas diametralmente prevalecem nos dias de hoje.

A lei e o governo não se comprometem em determinar por quem será ou deverá ser conduzida qualquer operação social ou industrial, ou quais os métodos legais para conduzi-las.

Tais escolhas são livremente feitas por indivíduos.

Até mesmo as leis que exigiam que os trabalhadores tivessem um aprendizado foram revogadas neste país, levando-se em consideração o fato de que em todos os casos onde um aprendizado possa ser necessário, a própria necessidade será suficiente para que este ocorra.

A teoria antiga era de que o menos possível deveria ser deixado à escolha de um indivíduo; tudo o que ele tinha de fazer deveria, até onde praticável, ser determinado por uma sabedoria superior. Se agisse sozinho, ele certamente cometeria um erro. A convicção moderna, fruto de milhares de anos de experiência, é de que os assuntos pelos quais o indivíduo é o mais diretamente interessado nunca irão bem a não ser que sejam resolvidos a seu critério; e qualquer regulamento sobre tais assuntos feito por autoridades, exceto para proteger os direitos dos outros, certamente será prejudicial.

Esta conclusão, obtida lentamente e não adotada até que quase toda aplicação possível de teoria contrária alcançasse resultados desastrosos, prevalece universal nos dias de hoje (na área industrial) nos países mais avançados e quase em todos os países que pretendem qualquer tipo de desenvolvimento.

Não quero dizer que todos os processos são igualmente bons, ou que todas as pessoas são igualmente qualificadas para tudo; mas, que a liberdade da escolha individual é atualmente reconhecida como a única coisa que procura adotar os melhores processos e coloca cada operação nas mãos daqueles que possuem melhor qualificação para realizá-la. Ninguém acha que é necessário fazer uma lei para que somente um homem com braços fortes possa ser um ferreiro.

A liberdade e a competição são suficientes para que os homens com braços fortes se tornem ferreiros, porque os homens mais fracos podem ganhar mais exercendo ocupações adequadas a eles.

De acordo com esta doutrina, parece ser um excesso dos limites apropriados de autoridade o fato de estabelecer antecipadamente, em algumas presunções gerais, que determinadas pessoas não são adequadas para realizar certas atividades.

Atualmente, reconhece-se e admite-se totalmente que, se existem algumas presunções, elas não são infalíveis.

Mesmo que estejam baseadas na maioria dos casos, o que muito provavelmente não deve acontecer, haverá uma minoria de casos excepcionais para os quais não poderão ser aplicadas; e, nestes casos, é tanto uma injustiça para com os indivíduos quanto um prejuízo para a sociedade colocar barreiras no caminho daqueles que usam seus conhecimentos (faculdades) para o próprio benefício e para os benefícios dos outros.

Por outro lado, nos casos em que a inaptidão for real, os motivos comuns de conduta humana serão totalmente suficientes para evitar que uma pessoa incompetente faça ou persista na tentativa.

Se este princípio geral de ciência social e econômica não for verdadeiro, se os indivíduos, com a ajuda de opiniões daqueles que os conhecem, não julgarem suas capacidades e vocações melhor do que a lei e o governo, o mundo não pode abandonar este princípio e voltar ao velho sistema de regulamento e incapacidades.

Mas, se o princípio for verdadeiro, devemos agir como se acreditássemos nele, para não estabelecer que o fato de nascer menina ao invés de menino, ou negro ao invés de branco, ou cidadão comum ao invés de nobre, vá decidir a posição da pessoa por toda a vida ou impedi-la de ocupar posições sociais mais elevadas e todas, exceto algumas, ocupações respeitáveis.

Mesmo que admitíssemos a aptidão superior dos homens para todas as funções atualmente reservadas para ele, o mesmo argumento deveria ser aplicado para proibir uma qualificação legal para os membros do Parlamento. Se, somente uma vez, em vários anos, as condições de elegibilidade excluíssem uma pessoa adequada, haveria uma perda real; enquanto a exclusão de milhares de pessoas inadequadas não seria de nenhum proveito, pois, se a constituição do colégio eleitoral determina que eles escolham pessoas inadequadas, sempre existirão muitas delas para serem escolhidas.

Em qualquer nível de dificuldade e importância, aqueles que são capazes de realizar as tarefas adequadamente estão em menor número do que o exigido pela necessidade, mesmo com a liberdade de escolha irrestrita, e qualquer limitação quanto à seleção priva a sociedade de algumas chances de ser servida por pessoas competentes, sem nunca a proteger dos incompetentes.

Atualmente, nos países mais desenvolvidos, a incapacidade das mulheres é um dos únicos casos no qual as leis e as instituições tomam as pessoas com base no seu nascimento e determinam que elas nunca obterão permissão, enquanto viverem, para competir por determinadas coisas. Uma exceção é a realeza.

As pessoas ainda nascem para o trono; nenhuma pessoa que não faz parte da família real pode ocupá-lo, e ninguém daquela família pode, por qualquer meio, a não ser o da sucessão hereditária, obtê-lo. Todas as outras dignidades e vantagens sociais são abertas ao sexo masculino em geral: muitas delas, na realidade, são conquistadas somente pela riqueza, mas tal riqueza pode ser conquistada por qualquer um e é, de fato, obtida por muitos homens da mais humilde origem.

As dificuldades, para a maioria das pessoas, são realmente insuperáveis sem o auxílio da casualidade; porém, nenhum ser humano do sexo masculino está sob qualquer condenação legal: nem a lei nem as opiniões adicionam obstáculos artificiais aos naturais.

A realeza, como eu já disse, é uma exceção; mas, neste caso, todos a entendem como uma exceção – uma anomalia no mundo moderno, em oposição evidente aos costumes e princípios, somente justificada por conveniências especiais extraordinárias que, inquestionavelmente, existem, embora os indivíduos e as nações tenham diferentes opiniões quanto à sua importância.

Mas, neste caso excepcional, no qual uma elevada função social é, por razões importantes, outorgada no nascimento em vez de ser colocada em competitividade, todas as nações livres conseguem manter-se fiéis ao princípio do qual eles nominalmente retirariam o mérito; eles limitam esta elevada função por meio de condições reconhecidamente planejadas para evitar que a pessoa quem aparentemente pertence tal função possa realizá-la, enquanto a pessoa que realiza tal tarefa, o ministro responsável, obtém o posto por uma disputa da qual nenhum cidadão adulto do sexo masculino pode ser legalmente excluído.

Portanto, as limitações às quais as mulheres estão sujeitas pelo simples fato de terem nascido mulheres são os únicos exemplos deste tipo na legislação moderna. Em nenhum caso, exceto neste, que abrange metade da raça humana, as elevadas funções sociais são negadas a qualquer pessoa por uma fatalidade de nascimento, que nenhum esforço ou mudança de circunstância possa superar; até mesmo as limitações religiosas (que na Inglaterra e na Europa praticamente não existem mais) não negam qualquer carreira para pessoas desqualificadas no caso da conversão.

A subordinação social das mulheres, portanto, destaca-se como um fato isolado nas instituições sociais modernas; uma ruptura solitária do que se tornou sua lei fundamental; uma relíquia singular de um mundo antigo de pensamentos e práticas desmoralizadas em todas as coisas, porém, firmadas em algo de maior interesse universal; como se um dólmen gigante ou um enorme templo de Júpiter no Olimpo ocupasse o lugar de São Paulo e recebesse adoração diária, enquanto que as igrejas cristãs da redondeza fossem somente frequentadas para jejuns e festividades.

A completa discrepância entre um fato social e todos os outros que o acompanham, a oposição radical entre sua natureza e o movimento progressivo que orgulha o mundo moderno e está sucessivamente eliminando tudo o que não for de caráter análogo, certamente proporcionam um sério assunto de reflexão para o observador consciente das tendências humanas.

Tal discrepância dá origem a uma presunção, baseada na primeira impressão, sobre o lado desfavorecido que é, de longe, mais importante do que qualquer outra que os costumes e usos poderiam, em tais circunstâncias, criar sobre o lado favorecido. Isto deveria ser pelo menos suficiente para fazer com que esta questão, assim como a escolha entre republicanismo e realeza, se tornasse uma questão balanceada.

O mínimo que se pode exigir é que esta questão não deva ser considerada como pré-julgada por fatos e opiniões existentes, mas aberta para discussão sobre seus méritos, como uma questão de justiça e conveniência: a decisão sobre esta questão, como sobre quaisquer outras disposições sociais da humanidade, dependem do que uma avaliação esclarecida das tendências e consequências possa apresentar como mais vantajoso para a humanidade em geral, sem distinção de sexos. A discussão dever ser real, iniciada a partir dos fundamentos, e não baseada somente em afirmações vagas e gerais. De nada adiantará, por exemplo, afirmar em termos gerais que a experiência da humanidade tem se manifestado a favor do sistema existente. A experiência, possivelmente, não pode decidir entre dois cursos, uma vez que só experimentou um deles. Se dissermos que a doutrina de igualdade dos sexos baseia-se somente em teoria, devemos lembrar que a doutrina contrária também só está baseada em teoria.

Tudo o que se conseguiu provar em favor da igualdade por meio da experiência direta é que a humanidade é capaz de existir sob tal experiência e de atingir o grau de desenvolvimento e prosperidade que observamos atualmente; porém, a experiência não diz se esta prosperidade foi obtida mais cedo, ou se é atualmente maior do que teria sido em outro sistema.

Por outro lado, a experiência diz que cada passo em direção ao desenvolvimento tem sido invariavelmente seguido por outro passo em direção à elevação da posição social das mulheres; os historiadores e filósofos têm sido levados a aceitar sua elevação ou degradação como o teste mais infalível e a medida mais correta de civilização de um povo ou de uma época.

Ao longo de todo o período progressivo da história humana, a condição das mulheres tem se aproximado cada vez mais da igualdade com os homens. Isto, por si só, não prova que a assimilação deve continuar até a completa igualdade, mas, certamente, proporciona algumas presunções de que o caso é este.

Também não há vantagem nenhuma em dizer que a *natureza* de ambos os sexos os adapta em suas presentes funções e posições e as apresenta de modo apropriado a cada um. Baseando-se no fundamento do bom senso e no entendimento da mente humana, eu nego que alguém conheça ou possa conhecer a natureza de ambos os sexos, uma vez que eles só têm sido observados na atual relação um com o outro.

Se os homens não tivessem as mulheres na sociedade, ou se as mulheres não tivessem os homens, ou se ainda houvesse uma sociedade de homens e mulheres na qual elas não estivessem sob o controle deles, algo positivo poderia ser revelado quanto às diferenças mentais e morais herdadas pela natureza de cada um deles.

O que é atualmente conhecido como natureza feminina é uma coisa eminentemente artificial – resultado da repressão forçada em algumas direções e apresentada como não natural em outras. Pode-se afirmar, sem hesitação, que nenhuma outra classe de pessoas dependentes teve seu caráter tão distorcido das proporções naturais por meio da relação com seus senhores; se as raças conquistadas e escravizadas foram, em alguns aspectos, mais forçosamente reprimidas, o que não lhes foi imputado à força, foi deixado de lado e uma vez que isso tenha acontecido, certa liberdade de desenvolvimento foi adquirida de acordo com as próprias leis. Mas, no caso das mulheres, algumas capacidades de sua natureza foram colocadas em uma estufa para benefício e prazer de seus senhores.

Então, enquanto certos produtos de força vital surgiram exuberantemente e alcançaram um grande desenvolvimento dentro desta atmosfera aquecida, sendo ativamente alimentados e aguados, outros rebentos da mesma raiz deixados no ar gelado do inverno, com gelo propositadamente acumulado em volta deles, tiveram um crescimento atrofiado; alguns foram queimados pelo fogo e desapareceram. Os homens incapazes de reconhecer que seu trabalho discrimina a mente não analítica, indolentemente acreditam que a árvore cresce por si só do modo como eles a fizer crescer, e que esta árvore morreria se metade dela fosse mantida na estufa e a outra metade, na neve.

De todas as dificuldades que impedem o progresso do pensamento e a formação de opiniões bem fundadas sobre a vida e as disposições sociais, a maior é, nos dias de hoje, a indescritível ignorância e a falta de atenção da humanidade com relação às influências que formam o caráter humano.

Quaisquer que sejam as partes da espécie humana, supõe-se que elas têm uma tendência natural de existir – mesmo quando o conhecimento mais elementar das circunstâncias nas quais elas estão colocadas claramente aponta as causas que as fizeram ser o que são.

Quando um camponês, completamente endividado com o proprietário de suas terras, não é esforçado, existem pessoas que acham que os irlandeses são naturalmente preguiçosos. Quando as constituições podem ser derrubadas caso as autoridades designadas para executá-las se recusam a cumpri-las, existem pessoas que acham que os franceses são incapazes de fazer um governo livre. Quando os gregos enganam os turcos e os turcos, por sua vez, somente defraudam os gregos, existem pessoas que acham que os turcos são naturalmente mais sinceros. E porque as mulheres, como frequentemente se diz, não se importam com assuntos políticos, mas somente com seus bens mobiliários, supõe-se que o bem geral é naturalmente menos interessante para as mulheres do que é para os homens.

A história, atualmente mais bem compreendida do que nos tempos antigos, nos ensina outra lição: a demonstração da extraordinária susceptibilidade da natureza humana em relação a influências externas e à extrema capacidade de mudar suas manifestações consideradas as mais universais e uniformes.

Mas, na história, assim como em todas as mudanças, os homens só conseguem ver o que já estava em suas mentes; poucos aprendem com a história e só usam um pouco deste conhecimento para estudá-la.

Portanto, em relação àquela questão mais difícil sobre as diferenças naturais entre os sexos, podemos dizer que este é um assunto sobre o qual é impossível, no presente estado da sociedade, obter um conhecimento completo e correto. Enquanto quase todos dogmatizam sobre tal questão, também negligenciam e ignoram o único método pelo qual pode-se obter um discernimento sobre tal questão. Isto é, um estudo analítico dos departamentos mais importantes da psicologia: as leis da influência de circunstâncias no caráter.

Contudo, por mais notórias e aparentemente instransponíveis que possam ser as diferenças morais e intelectuais entre homens e mulheres, a evidência de suas diferenças naturais poderia somente ser negativa. Tais diferenças somente poderiam ser consideradas naturais se não pudessem ser artificiais, ou seja, se não fossem um resíduo, após a dedução de todas as características explicadas de cada um dos sexos, da educação ou de circunstâncias externas.

O conhecimento mais profundo das leis de formação de caráter é indispensável para que qualquer pessoa tenha o direito de afirmar, até mesmo, que existe alguma diferença entre ambos os sexos considerados como seres morais e racionais e indicar qual é. Portanto, uma vez que ninguém, até agora, possui este conhecimento (pois quase não há nenhum assunto, em proporção à sua importância, que tenha sido tão pouco estudado), ninguém está autorizado a fornecer qualquer opinião sobre o assunto.

No momento, somente suposições mais ou menos prováveis podem ser feitas, de acordo com o maior ou menor conhecimento que temos sobre as leis da psicologia aplicadas na formação do caráter.

Mesmo o conhecimento preliminar, sobre quais são as diferenças entre os sexos atualmente, sem levar em consideração todas as questões de como são feitas e quais são elas, ainda está no estado mais imperfeito e mais incompleto.

Os médicos e psicólogos avaliaram, até certo ponto, as diferenças quanto à constituição física. Este é um elemento importante para o psicólogo, mas raramente um médico é um psicólogo. Respeitando-se as características mentais das mulheres, as observações de tais profissionais não são de maior valor do que aquelas feitas por homens comuns.

É um assunto sobre o qual nenhuma conclusão final pode ser conhecida, uma vez que aqueles que realmente o conhecem, ou seja, as próprias mulheres, deram poucos depoimentos e, estes poucos, na maioria das vezes, foram subornados.

É fácil reconhecer mulheres lentas de raciocínio. A lentidão de raciocínio é quase que a mesma no mundo todo. As noções e sentimentos de tais pessoas podem ser confidencialmente obtidos a partir daqueles que prevalecem no círculo pelo qual a pessoa está envolvida.

O mesmo não acontece com aqueles cujas opiniões e cujos sentimentos originam-se de sua natureza e aptidões. Somente alguns homens possuem um conhecimento aceitável do caráter das mulheres, até mesmo daquelas pertencentes à própria família.

Eu não quero dizer de suas capacidades: estas não são conhecidas por ninguém, nem mesmo pelas próprias mulheres, porque a maioria destas capacidades nunca foi demonstrada.

Quero dizer de seus pensamentos e sentimentos reais. Muitos homens acham que eles entendem perfeitamente as mulheres porque tiveram relações amorosas com várias, talvez com muitas delas.

Se o homem fosse um bom observador e se sua experiência fosse estendida à qualidade tanto quanto à quantidade, ele poderia ter aprendido algo sobre um dos departamentos mais restritos da natureza feminina – um departamento importante, sem dúvida.

Mas com relação às outras partes do caráter feminino, poucas pessoas são geralmente mais ignorantes, porque há poucas das quais este caráter seja cuidadosamente escondido.

O caso mais favorável que um homem pode geralmente ter para estudar o caráter de uma mulher é o da própria esposa: as oportunidades são maiores e os casos de completa compreensão não são tão raros. Na realidade, eu acredito que esta é a fonte da qual provém qualquer conhecimento valioso sobre o assunto.

Mas, a maioria dos homens não teve a oportunidade de estudar mais do que um único caso; deste modo, como alguém pode, até um grau quase cômico, deduzir como é a esposa de um homem, a partir de suas opiniões sobre as mulheres em geral?

Para fazer com que este único caso apresente algum resultado, deve-se conhecer a mulher na intimidade e o homem deve ser não somente um juiz competente, mas também possuir um caráter compreensivo, bem adaptado ao dela, para que possa ler sua mente por intuição ou fazê-la sentir-se à vontade para revelar seu caráter. Acredito que quase nada pode ser tão raro quanto esta combinação.

Em um casamento, geralmente, existe a mais completa unidade de sentimento e semelhança de interesses em relação a todas as coisas externas. Contudo, um tem pouco acesso à vida íntima do outro, como se eles fossem simplesmente conhecidos.

Mesmo com verdadeira afeição, a autoridade de um lado e a subordinação de outro impedem a confiança perfeita. Embora nada possa ser intencionalmente negado, muitas coisas não são demonstradas. Na relação análoga entre pais e filhos, um fenômeno correspondente pode ser observado.

Entre o pai e o filho, quantos são os casos nos quais, apesar da real afeição de um pelo outro ser evidente para o mundo todo, o pai não sabe e nem suspeita de partes do caráter do filho que são semelhantes às de sua companheira e de pessoas da família.

A verdade é que a posição de respeitar o outro é extremamente desfavorável para a completa sinceridade e abertura.

O medo de perder a base de suas opiniões e seus sentimentos é tão forte que, mesmo com um caráter íntegro, existe uma tendência inconsciente de mostrar somente o melhor lado, ou o lado que, embora não seja o melhor, é o que ele gosta de ver. Pode-se confidencialmente dizer que o completo conhecimento mútuo quase nunca existe, a não ser entre pessoas que, além de serem íntimas, sejam iguais. Tudo isto é muito mais verdadeiro quando um está não somente sob a autoridade do outro, mas também quando a mulher tem a obrigação de supor todas as coisas que estão subordinadas ao conforto e ao prazer de seu marido, não permitindo que ele veja ou sinta qualquer coisa que venha dela, exceto o que lhe for conveniente.

Todas estas dificuldades impedem que o homem obtenha um conhecimento completo até mesmo sobre a mulher que, em geral, ele tem oportunidade suficiente para analisar.

Quando levamos em consideração que entender uma mulher não é necessariamente entender qualquer outra – ou que, mesmo se um homem pudesse analisar muitas mulheres de uma determinada classe social ou de um país, ele não entenderia as mulheres de outras classes sociais ou países, e, mesmo que ele as entendesse, elas, ainda assim, seriam mulheres pertencentes a um único período da história –, podemos afirmar com segurança que o conhecimento que os homens podem adquirir sobre as mulheres, sobre os que elas são, sem mencionar o que elas poderiam ser, infelizmente é imperfeito e superficial, e sempre será assim até que as próprias mulheres tenham contado o que elas têm para dizer.

Contudo, esta época ainda não chegou, nem irá chegar a não ser gradualmente. Somente recentemente as mulheres foram qualificadas por realizações literárias e a sociedade permitiu que elas contassem algo ao público em geral.

Mas poucas ousaram contar qualquer coisa que os homens de quem depende seu sucesso literário estivessem desejosos de ouvir.

Vamos relembrar como geralmente era, até bem pouco tempo atrás, e ainda é, até certo ponto, recebida a manifestação, mesmo de um autor do sexo masculino, de opiniões incomuns ou do que são sentimentos excêntricos – poderemos então formar algum conceito tênue sobre o que impede uma mulher, educada para aceitar os costumes e as opiniões como regra soberana, de tentar expressar em livros qualquer coisa que venha do profundo de sua natureza.

A mulher mais ilustre a realizar um trabalho literário, que foi suficiente para colocá-la em uma posição eminente dentro da literatura de seu país, achou necessário acrescentar ao seu trabalho mais audacioso a seguinte frase: "*Un homme peut braver l'opinion; une femme doit s'y soumettre.*"⁽⁴⁾ A maior parte do que as mulheres escrevem sobre as próprias mulheres é mera bajulação aos homens.

No caso de mulheres solteiras, muito do que é dito parece ser somente com a intenção de aumentar a chance de conquistar um marido. Muitas mulheres, tanto as casadas quanto as solteiras, ultrapassam o limite e insinuam uma servilidade além daquela desejada ou apreciada por qualquer homem, exceto pelos mais comuns.

Contudo, este não é um caso tão frequente como era em um período anterior. As mulheres literárias estão tornando-se mais sinceras e mais desejosas de expressar seus sentimentos reais. Infelizmente, neste país em especial, elas são consideradas um produto artificial, cujos sentimentos são formados por uma pequena parte da observação individual e da consciência e por uma grande parte de relações adquiridas. Este será cada vez menos o caso, mas permanecerá verdadeiro por um longo período, uma vez que as instituições sociais não admitem o mesmo desenvolvimento livre de originalidade nas mulheres como o fazem com os homens.

Quando este tempo chegar, e não antes, nós veremos e não simplesmente ouviremos o quanto é necessário conhecer a natureza feminina e observar a adaptação de outras coisas a esta natureza.

Tenho insistido muito nas dificuldades que, no momento, impedem qualquer conhecimento real dos homens em relação à verdadeira natureza feminina, porque tanto neste assunto como em muitos outros "*opinio copiae inter maximas causas inopiae est*"⁽⁵⁾. Existem poucas chances de haver julgamentos razoáveis sobre este assunto, enquanto as pessoas se iludirem de que elas entendem perfeitamente sobre algo que a maioria dos homens não sabe absolutamente nada, e sobre o qual é impossível, no momento, que qualquer homem ou que todos os homens em conjunto tenham algum conhecimento que possa qualificá-los para formular a lei em relação ao que é ou não a vocação das mulheres.

Felizmente, tal conhecimento não é necessário para qualquer propósito prático ligado à posição das mulheres em relação à sociedade e à vida. Pois, de acordo com todos os princípios envolvidos na

---

(4) "Um homem é capaz de opor-se a uma opinião; uma mulher deve submeter-se a ela" (Título de capítulo de *Delphine* de Madame de Staël).

(5) Esta citação é de Francis Bacon, extraída da obra *Novum Organum* (1620), e significa "considerar-se rico é uma das principais causas da pobreza" (NT).

sociedade moderna, a questão baseia-se nas próprias mulheres – e será decidida por suas próprias experiências e pelo uso de suas próprias faculdades.

Não existem outros meios de descobrir o que uma pessoa ou muitas podem fazer, a não ser por tentativas – e também não há meios pelos quais alguém possa descobrir por elas o que deve ser ou deixar de ser feito para que elas sejam felizes.

De uma coisa podemos ter certeza: o que é contrário à natureza das mulheres nunca será feito por elas simplesmente pela liberação de sua natureza. A ansiedade da humanidade em interferir em metade da natureza, para evitar que esta possa ter sucesso em realizar seu propósito, é uma preocupação totalmente desnecessária.

Proibir as mulheres de fazer as coisas que, por natureza, elas não podem fazer, é totalmente supérfluo.

A simples competição entre homens e mulheres será suficiente para excluí-las das coisas que elas puderem fazer, mas não tão bem quanto os homens com quem concorrerem. Uma vez que ninguém pode pedir direitos de proteção e benefícios em favor das mulheres, pede-se somente que os atuais benefícios e direitos de proteção em favor dos homens sejam lembrados.

Se as mulheres têm uma inclinação natural maior por algumas atividades do que por outras, não há necessidade de leis ou de persuasão social para fazer com que a maioria delas tenha preferência por uma ou por outra atividade. Seja qual for a razão para requisitar os serviços das mulheres, a liberação da competição irá manter os estímulos mais fortes para que elas realizem tais serviços.

E elas são mais requisitadas para realizar tarefas para as quais sejam mais apropriadas; por meio da atribuição de tais tarefas, as aptidões coletivas de ambos os sexos podem ser aplicadas em conjunto, apresentando inúmeros resultados valiosos.

Acredita-se que a opinião geral dos homens é que a vocação natural de uma mulher é a de esposa e mãe.

Eu digo acredita-se porque, julgando as atitudes – a partir da atual constituição geral da sociedade –, pode-se deduzir que as opiniões dos homens sejam exatamente o contrário disso.

Eles podem pensar que a vocação natural alegada das mulheres é, entre todas as coisas, a mais repugnante para sua natureza – a tal ponto que, se elas estiverem livres para fazer qualquer outra coisa ou se desejarem ter qualquer outro meio de vida ou ocupação de seu tempo e de suas aptidões, haverá poucas mulheres que irão aceitar a condição considerada como natural para elas.

Se esta for a opinião real dos homens em geral, seria excelente que ela fosse claramente anunciada. Eu gostaria de ouvir alguém abertamente declarar a doutrina (já implícita em muitas coisas que foram escritas sobre o assunto) de que: "É necessário para a sociedade que as mulheres se casem e tenham filhos, e elas não farão isto a menos que sejam obrigadas. Portanto, é necessário obrigá-las."

Os méritos deste caso estariam, então, claramente definidos. Seria exatamente aquele dos senhores de escravos da Carolina do Sul e da Louisiana: "É necessário cultivar algodão e açúcar. Os homens brancos não podem cultivá-los. Os negros não irão fazê-lo, nem mesmo por qualquer salário que possamos oferecer. *Portanto*, eles devem ser obrigados a fazê-lo."

Uma ilustração ainda mais próxima deste ponto é aquela do recrutamento: "Os marinheiros devem incondicionalmente defender o país. Acontece que eles não irão alistar-se voluntariamente. Portanto, deve haver o poder para forçá-los a fazer isto."

Com que frequência esta lógica é utilizada!

Exceto por uma falha desta lógica, sem dúvida ela estaria sendo utilizada com sucesso até os dias de hoje.

Porém, ela está aberta à resposta incisiva: "Primeiro, pague aos marinheiros o valor justo por seu trabalho."

Quando os marinheiros souberem que serão pagos por você ou por outros empregadores pelo trabalho realizado, você não terá mais dificuldades em obter seus serviços. Caso contrário, não há outra resposta lógica a não ser "Eu não trabalharei". Como, nos dias de hoje, as pessoas não estão somente envergonhadas, mas também não desejam roubar o salário de seu trabalhador, o recrutamento não é mais defendido. Aqueles que tentam forçar as mulheres a se casar, fechando todas as portas diante delas, colocam-se abertos à semelhante resposta incisiva. Se elas realmente estão falando sério, sua opinião evidentemente deve ser de que os homens não proporcionam a condição de casada tão desejada a fim de induzi-las a aceitarem tal condição por suas próprias recomendações.

Não é um sinal de julgamento racional quando se oferece um benefício muito atraente e somente se aceita a escolha de Hobson – "ou isto ou nada". E aqui está, eu acredito, a pista para os sentimentos daqueles homens que possuem real antipatia à liberdade de igualdade para as mulheres.

Acredito que eles têm medo que as mulheres não queiram se casar, porque, de fato, eu não acho que qualquer uma delas tenha esta preocupação; mas, para que elas não insistam que o casamento deva ser feito em condições iguais. Temendo que todas as mulheres de coragem e capacidade prefiram fazer qualquer coisa que não seja degradante para elas mesmas, em vez de casar-se, quando na verdade o casamento seria dar um senhor para elas mesmas, e, antes de tudo, um senhor de suas posses terrenas.

Na realidade, se esta consequência fosse necessariamente inerente ao casamento, eu acho que esta preocupação estaria muito bem fundamentada. Concordo com a opinião de que provavelmente poucas mulheres, capazes de fazer qualquer coisa, fariam tal escolha – a menos que tivessem uma atração irresistível que lhes proporcionasse um período inconsciente, quando outros meios estivessem disponíveis para que elas ocupassem uma posição convencionalmente nobre na vida. E se os homens estiverem determinados que a lei do casamento deve ser uma lei de despotismo, eles estão completamente certos, no ponto de vista da simples política, em deixar que as mulheres façam a escolha de Hobson.

Mas, neste caso, tudo o que tem sido feito no mundo moderno para afrouxar a corrente nas mentes das mulheres está errado.

Elas nunca deveriam ter permissão para receber uma educação literária. As mulheres que leem, muito mais do que as que escrevem, são, na constituição atual das coisas, uma contradição e um elemento de perturbação. Seria errado educar as mulheres com conhecimentos que não fossem de uma odalisca ou de uma servente doméstica.

Capítulo II

Será conveniente iniciar a discussão detalhada sobre o assunto por uma área particular, para a qual o curso de nossas observações nos conduziu: as condições que as leis deste e de todos os outros países anexaram ao contrato de casamento.

O casamento é o destino apontado pela sociedade para as mulheres, o objetivo para o qual elas são educadas – e elas deveriam alcançar este propósito, exceto aquelas que são pouco atraentes para serem escolhidas por um homem como companheira. Deve-se supor que todas as coisas tenham sido feitas para tornar esta condição tão apropriada quanto possível para elas e que elas não devam ter nenhuma razão para arrepender-se de não ter outra opção.

A sociedade, contudo, tanto neste caso quanto em todos os outros, prefere alcançar seu objetivo por meios ilícitos do que por meios justos. Mas este é o único caso no qual a sociedade faz isto até os dias de hoje. Originalmente, as mulheres eram tomadas à força ou vendidas pelos pais aos maridos.

Até bem pouco tempo na história europeia, o pai tinha o poder de oferecer sua filha em casamento de acordo com a própria vontade e o próprio prazer, sem se preocupar com a vontade dela.

A Igreja era tão fiel à moralidade que simplesmente exigia um "sim" da mulher na cerimônia de casamento, mas não havia nada que demonstrasse que o consentimento não era senão compulsório. Além do que, era praticamente impossível para uma mulher recusar a submissão se o pai fosse firme em sua decisão – exceto se ela pudesse obter a proteção religiosa, por meio de uma resolução determinada em seguir os votos monásticos. Antigamente, antes do cristianismo, o homem tinha o poder sobre a vida e a morte de sua esposa depois do casamento. Ela não poderia recorrer a nenhuma lei contra ele: ele era o único tribunal e a única lei para ela.

Durante muito tempo, ele podia repudiá-la, mas ela não tinha poder correspondente em relação a ele. Pelas antigas leis da Inglaterra, o marido era chamado de *senhor* da esposa; ele era literalmente seu soberano, tanto que o assassinato de um homem cometido por sua esposa era considerado uma traição (*insignificante*, quando diferenciada de *alta* traição) e o castigo era mais cruel do que o caso de alta traição, pois a penalidade era queimar até a morte.

Uma vez que estas barbaridades não são mais utilizadas (embora muitas delas não tenham sido formalmente abolidas, ou não tenham até o momento deixado de ser praticadas), os homens imaginam que atualmente tudo é justo no que se refere ao contrato de casamento; e, continuamente ouvimos dizer que a civilização e o cristianismo restauraram os direitos justos às mulheres.

Enquanto isso, a esposa é a serva de seu marido – não menos, até onde a obrigação legal permite, do que as assim chamadas escravas. Ela faz um voto de obediência eterna ao marido no altar e a lei a mantém desta forma por toda a vida.

Os casuístas podem dizer que a obrigação da obediência é interrompida pela participação em um crime, mas certamente, vai muito além disto. Ela não pode tomar nenhuma atitude sem a permissão dele, mesmo que implícita.

Ela não pode adquirir nenhuma propriedade a não ser por meio dele; no instante que a propriedade passa a pertencer a ela, mesmo que por herança, tal propriedade se torna *ipso facto* dele.

Quanto a este assunto, a posição da esposa na lei comum da Inglaterra é pior do que a dos escravos nas leis de muitos países. Pela lei romana, por exemplo, um escravo podia ter propriedade, garantida até certo ponto pela lei, para seu uso exclusivo.

As classes mais altas deste país ofereceram uma vantagem análoga às suas mulheres por meio de contratos especiais estabelecidos em conjunto com a lei e com baixos custos – e, uma vez que o sentimento paternal é mais forte com as filhas do que com aqueles do mesmo sexo, um pai geralmente prefere sua filha ao seu genro que lhe é estranho.

Por meio de acordos, os ricos geralmente conseguem retirar total ou parcialmente a propriedade herdada pela esposa do controle absoluto do marido, mas eles não conseguem manter tal propriedade sob o controle dela. O máximo que o pai consegue fazer é somente evitar que o marido possa desperdiçar a propriedade, ao mesmo tempo que impede a proprietária por direito de utilizá-la.

A propriedade em si fica fora de alcance de ambos. E quanto à renda que provém dela, a forma de acordo mais favorável à mulher, chamada de "uso separado dela", somente impossibilita que o marido possa receber tal renda ao invés da esposa.

Esta renda deve passar pelas mãos da esposa, mas se o marido tomar tal renda usando de violência assim que ela a receba, ele não poderá ser punido e nem forçado a devolver. Esta é a proteção que, sob as leis deste país, o nobre mais poderoso pode oferecer à própria filha em relação ao marido. Na grande maioria dos casos, não existe acordo: a absorção de todos os direitos, de todas as propriedades, assim como de toda a liberdade de ação, é total.

Ambos são considerados "uma pessoa perante a lei", com o propósito de indicar que tudo o que pertence a ela pertence a ele também, mas a indicação paralela nunca é realizada – afirmando que o que pertence a ele, pertence a ela também. A máxima nunca se aplica ao homem, exceto quando ele for responsável perante terceiros pelos atos de sua esposa, do mesmo modo que um senhor é responsável pelos atos de seus escravos ou pelo castelo.

Não desejo, de modo algum, alegar que as esposas recebem um tratamento pior do que os escravos; mas nenhum escravo é escravizado na mesma proporção e no sentido completo da palavra, como é uma esposa.

Dificilmente, qualquer escravo, exceto aquele intimamente ligado à pessoa de seu senhor, é um escravo de todas as horas e minutos. Em geral, ele tem, como um soldado, sua tarefa fixa, e quando esta for realizada, ou quando ele estiver de folga, ele dispõe, dentro de certos limites, de seu tempo e possui uma vida familiar na qual seu senhor raramente se intromete.

"O tio Tom" sob o domínio de seu primeiro senhor, vivia sua vida própria em sua "cabana", quase como qualquer homem cujo trabalho lhe mantém longe de casa é capaz de ter a própria família. Porém, não se pode tratar a esposa da mesma forma.

Acima de tudo, uma escrava do sexo feminino tem, nos países cristãos, um direito adquirido e considerado sob obrigação moral de recusar ao seu senhor uma intimidade maior. Isto não se aplica à esposa: não importa a brutalidade do tirano ao qual ela está unida – embora ela saiba o quanto ele a odeia, embora ele tenha um prazer diário em torturá-la e embora ela possa achar impossível não ter aversão a ele –, ele pode reivindicar seus direitos sobre ela e lhe impor a mais baixa degradação de um ser humano –a de ser instrumento de uma função animal contrária às próprias inclinações.

Enquanto a esposa é mantida na pior descrição de escravidão em relação à própria pessoa, qual será a posição dela em relação aos filhos, sobre quem tanto ela quanto seu senhor têm um interesse em comum?

Os filhos são considerados *dele* por lei: somente o pai tem direitos legais sobre os filhos. Nenhuma atitude pode ser tomada por ela em relação aos filhos, exceto que seja delegada pelo marido. Mesmo depois da morte dele, ela não é a guardiã legal, a menos que ele, por vontade própria, tenha deixado tal tarefa a cargo dela.

Ele podia até mesmo separar mãe e filhos e privá-la de visitá-los ou de se corresponderem, até que tal poder foi limitado pelo Ato do Oficial Talfourd. Esta é a condição legal da esposa.

E, a partir de tal condição, ela não tem meios de retratar-se.

Se ela deixar seu marido, ela não pode levar nada consigo: nem seus filhos nem qualquer coisa que lhe seja de direito.

Se preferir, ele pode obrigá-la a voltar pela lei ou pela força física. Ou ele pode contentar-se em apreender, para o próprio uso, algo que ela receba ou que lhe tenha sido dado pelos parentes.

A separação legal somente é decretada por uma corte judicial que a autoriza a viver separada, sem ser forçada a voltar sob a custódia de um carcereiro exasperado, ou que lhe habilita a utilizar seus ganhos para o próprio sustento, sem medo de que um homem, que talvez não veja há vinte anos, possa, um dia, aparecer inesperadamente e levar tudo. Esta separação legal, até bem pouco tempo atrás, só seria concedida pelas cortes judiciais a um custo inacessível, a não ser para as classes mais altas.

Mesmo atualmente, ela só é concedida em casos de abandono do lar ou de extrema crueldade – e, ainda assim, existem reclamações constantes de que tal separação é concedida com muita facilidade.

Certamente, se qualquer condição for negada à mulher, a não ser a de criada particular de um déspota que dependa da chance de encontrar alguém que esteja disposto a torná-la a favorita em vez de considerá-la meramente como uma serviçal, é um agravante muito cruel em seu destino que ela pudesse ter somente uma única chance para fazê-lo.

A consequência natural deste estado das coisas seria que, uma vez que toda a sua vida depende do fato de conseguir um bom senhor, ela deveria ter permissão para mudar várias vezes até encontrar um.

Não estou dizendo que ela deve ter este privilégio. Esta é uma consideração totalmente diferente. A questão do divórcio, no sentido de obter a liberdade de casar-se novamente, é uma questão na qual não tenho o propósito de me envolver.

Tudo o que eu quero dizer agora é que, para aqueles a quem somente a sujeição é permitida, a livre escolha de tal sujeição é o único paliativo, embora seja insuficiente.

A recusa deste paliativo completa a assimilação de esposa a escrava – e não escrava sob a forma mais amena de escravidão, pois, em alguns códigos de escravidão, o escravo podia legalmente obrigar seu senhor a vendê-lo. Porém, na Inglaterra nenhum maus-tratos, a não ser acrescido de adultério, irá libertar uma esposa de seu torturador.

Não tenho nenhum desejo de exagerar e nem o caso pede exagero. Estou descrevendo a posição legal da esposa, não seu tratamento real.

As leis da maioria dos países estão longe de ser piores do que as pessoas que as executam, e muitas delas só podem permanecer como leis porque raramente ou nunca foram executadas. Se a vida de casado fosse tudo o que se espera, examinando-se unicamente as leis, a sociedade seria um inferno na Terra.

Felizmente, existem sentimentos e interesses que fazem muitos homens excluírem ou na maioria das vezes amenizar grandemente os impulsos e as tendências que conduzem à tirania. Quanto ao sentimento, o laço que une um homem à sua esposa, no estado normal das coisas, proporciona incomparavelmente o exemplo mais forte.

O único laço que mais se aproxima deste – o laço entre ele e seus filhos – tende, em todos os casos, a não ser nos excepcionais, a fortalecer o primeiro laço em vez de entrar em conflito com ele.

Isto é verdade porque os homens em geral não infligem, nem as mulheres permitem, toda a miséria que poderia ser infligida ou aceita se a força total da tirania, com a qual o homem está legalmente revestido, fosse imposta. Os defensores da forma existente da instituição acham que toda a maldade desta tirania é justificável e que qualquer reclamação é meramente uma briga com a perversidade – o preço que se paga por todas as coisas boas.

Mas, as mitigações práticas compatíveis com a manutenção em pleno vigor legal deste ou de qualquer outro tipo de tirania, em vez de serem utilizadas como desculpa para o despotismo, somente servem para provar o poder da natureza humana em reagir contra as instituições mais desprezíveis, e com que vitalidade as sementes do bem, assim como as do mal, se difundem e se propagam no caráter. Nenhuma palavra pode ser dita para o despotismo político.

O rei absoluto não se senta à janela para apreciar os gemidos dos indivíduos torturados, nem rasga os últimos farrapos deles e os joga na estrada para aterrorizá-los.

O despotismo de Luís XVI não foi o despotismo de Philippe le Bel, ou de Nadir Shah ou de Calígula – mas foi ruim o suficiente para justificar a Revolução Francesa e para mitigar até mesmo seus horrores.

Se tivéssemos que apelar para os fortes vínculos que existem entre as esposas e seus maridos, teríamos que fazer exatamente a mesma coisa com a escravidão doméstica.

Era um fato muito comum na Grécia e em Roma que os escravos se submetessem à morte por tortura em vez de traírem seus senhores.

Nas condenações das guerras civis romanas, era notável como as esposas e os escravos eram heroicamente fiéis, e os filhos frequentemente eram desleais. Contudo, sabemos com que crueldade muitos romanos tratavam seus escravos.

Mas, na verdade, estes fortes sentimentos individuais não eram tão opulentos em qualquer lugar quanto nas instituições mais desumanas. Faz parte da ironia da vida o fato de que os sentimentos mais fortes de gratidão, aos quais a natureza parece ser suscetível, sejam provocados nos seres humanos em relação àqueles que, tendo total poder de oprimir sua existência terrena, voluntariamente não o fazem. Seria cruel questionar o lugar que este sentimento preenche na maioria dos homens, mesmo na devoção religiosa.

Diariamente, podemos observar como a gratidão deles aos céus parece ser estimulada pela contemplação de criaturas com quem Deus não foi tão bondoso como foi com eles mesmos.

Não importa se a instituição a ser defendida seja a escravidão, o absolutismo político ou o absolutismo do chefe de uma família, espera-se, sempre, que julguemos tal instituição a partir de seus melhores exemplos. E, nos apresentam uma imagem do exercício dedicado da autoridade de um lado e da submissão amorosa de outro: a sabedoria superior ordenando todas as coisas para o bem de seus dependentes e rodeada por sorrisos e gratidões destes dependentes.

Tudo isto estaria muito além de nosso propósito se alguém achasse que não existem homens bons.

Quem pode duvidar que existe grande bondade, felicidade e afeição sob o governo absoluto de um homem bom?

Enquanto isso, as leis e as instituições precisam ser adaptadas, não para os homens bons, mas para os maus.

O casamento não é uma instituição designada para algumas pessoas selecionadas. Os homens não têm que provar, como preliminar para a cerimônia do casamento, por meio de testemunhas, que eles são confiáveis para o exercício do poder absoluto.

O laço de afeição e obrigação com uma esposa e com os filhos é muito forte, seja para aqueles cujos sentimentos sociais gerais são fortes ou para os outros, muitos, pouco sensíveis a qualquer laço social. Existem todos os graus de sensibilidade e insensibilidade quanto a este assunto, assim como há todos os graus de bondade e de perversidade nos homens, até para aquele a quem nenhum laço irá obrigá-lo às penalidades da lei ou com quem a sociedade não pode ter outra atitude a não ser a da *ultima ratio*.

Em todos os degraus desta escada descendente estão os homens a quem são concedidos os poderes legais de um marido. O malfeitor mais desprezível tem uma mulher infeliz ligada a ele, contra quem ele pode cometer qualquer atrocidade, exceto matá-la – e, no caso de ele ser razoavelmente cauteloso, pode fazer isto sem correr muito perigo de sofrer qualquer penalidade legal.

Quantos milhares existem nas classes mais baixas de todos os países, que, sem serem considerados legalmente como malfeitores em qualquer outro aspecto, porque em todas as outras partes as suas agressões encontrariam resistência, praticam excessos habituais de violência corporal contra as esposas infelizes, que sozinhas, sem outros adultos por perto, não conseguem repelir nem escapar da brutalidade deles. E, em relação àqueles cuja dependência inspira a natureza malvada e selvagem destes homens, não com uma clemência generosa e um ponto de honra para se comportarem bem com aquelas pessoas que confiam inteiramente na bondade deles, mas, pelo contrário, com uma noção de que a lei lhes entregou a esposa como uma coisa a ser usada para seu prazer e com a qual não se espera que eles tenham nenhuma consideração que lhes seja exigida em relação a todas as outras pessoas.

A lei, que até bem pouco tempo atrás deixava sem punição até mesmo os atos extremos de atrocidade de opressão doméstica, está tentando, nestes últimos anos, reprimi-los sem muito sucesso.

Tais tentativas têm feito pouco e não se pode esperar muito, porque é contrário à razão e à experiência supor que possa existir uma verificação real desta brutalidade, permitindo que a vítima ainda fique em poder do executor. Até que uma condenação por violência pessoal, ou no caso de repetição de tal violência após a primeira condenação, possa autorizar a mulher *ipso facto* a pedir o divórcio, ou pelo menos a pedir uma separação judicial, a tentativa de reprimir estas "graves agressões" por meio de penalidades legais será derrubada pela falta de um promotor público ou de uma testemunha.

Quando levamos em consideração a enorme quantidade de homens, em qualquer país, um pouco mais do que brutos e que são capazes, pela da lei do casamento, de obter uma vítima, a liberalidade e a profundidade da miséria humana causada desta forma pelo abuso da instituição é intensificada a um ponto estarrecedor.

Contudo, estes são somente os casos extremos.

Estes são os abismos mais profundos, mas existe uma triste sucessão, cada vez mais profunda, antes de chegar a estes abismos.

Na tirania doméstica, assim como na tirania política, o caso de monstros absolutos ilustra especialmente a instituição, indicando que quase todos os horrores ocorrem sob a vontade do déspota e, portanto, mostrando, muito claramente, a terrível frequência de outros atos um pouco menos cruéis.

Demônios absolutos são tão raros quanto anjos, talvez mais raros; selvagens cruéis, com toques ocasionais de humanidade, são, contudo, muito frequentes. E, no imenso espaço que separa estes de quaisquer representantes da espécie humana, são inúmeras as formas e os graus de animalismo e egoísmo, geralmente sob uma aparente camada de civilização e até mesmo de cultura, vivendo em paz com a lei, mantendo uma aparência de confiança para todos aqueles que não estão sob seus poderes, contudo, frequentemente transformando a vida dos que estão sob seu domínio em um tormento e um fardo pesado!

Seria cansativo repetir as banalidades sobre a incapacidade dos homens em geral para o poder. E, se tais banalidades, após as discussões políticas de séculos conhecidas por todos, não fossem tão severas qualquer um pensaria em aplicar estes princípios ao caso que acima de todos os outros eles são aplicáveis – ou seja, o poder não colocado nas mãos de algum homem, mas oferecido a todo adulto do sexo masculino, até ao mais desprezível e mais cruel.

Não é porque um homem não tenha quebrado qualquer um dos dez mandamentos, ou porque ele mantém um caráter respeitável ao lidar com aqueles que não pode obrigar a fazer negócios com ele, ou porque ele não tem demonstrações violentas de temperamento hostil contra aqueles que não são obrigados a tolerá-lo, que é possível presumir o tipo de conduta que ele terá na liberdade de sua casa.

Até mesmo os homens mais comuns reservam o lado violento, mal-humorado e indisfarçavelmente egoísta de seu caráter para aqueles que não têm poder para resistir.

O relacionamento de superiores com seus dependentes é a escola destes vícios de caráter que, onde quer que existam, estão transbordando daquela fonte.

Um homem que é mal-humorado com sua família certamente é um homem que vive entre inferiores, a quem ele pode amedrontar ou de quem ele pode exigir submissão.

Se a família, na sua melhor forma, é como se diz frequentemente uma escola de simpatia, ternura e esquecimento dedicado de si mesmo, é ainda mais frequente, com relação ao chefe, uma escola de obstinação, autoritarismo, excessiva satisfação sem limites dos próprios desejos e de um egoísmo idealizado e aferrado, na qual o sacrifício é somente uma forma particular: o cuidado com a esposa e os filhos é um cuidado que faz parte dos próprios interesses e pertences do homem e a felicidade individual deles é sacrificada de todas as formas pelas as menores preferências do pai ou do marido.

O que é melhor do que ser observado sob a forma existente da instituição? Sabemos que as tendências ruins da natureza humana são simplesmente mantidas dentro dos limites quando não se permite nenhuma liberdade de ação para sua indulgência.

Sabemos que por impulso e hábito, quando não deliberadamente, quase toda pessoa a quem outros são submetidos passa dos limites com seus inferiores, até que chegue um ponto no qual eles sejam obrigados a resistir.

Assim é a tendência comum da natureza humana: o poder quase ilimitado apresentado pelas instituições sociais que proporcionam ao homem pelo menos um ser humano – aquele com quem ele vive e está sempre presente.

Este poder busca e desperta os germes latentes do egoísmo nos cantos mais remotos da natureza masculina, inflama os lampejos mais tímidos e as emoções reprimidas. O poder também dá permissão ao homem para a indulgência daqueles pontos de seu caráter original que, em todas as outras relações, ele teria achado necessário reprimir ou esconder – e a repressão destes pontos, com o tempo, se tornaria uma segunda natureza.

Eu sei que há outro lado da questão. Admito que a esposa, quando não pode realmente resistir, pode pelo menos revidar. Ela também pode tornar a vida do homem extremamente desconfortável e, por meio deste poder, ela é capaz de defender muitos propósitos sobre os quais ela deveria ou não prevalecer.

Mas este instrumento de autoproteção – que pode ser chamado de poder da mulher rabugenta, ou de punição geniosa – possui um defeito crucial: é eficaz, na maioria das vezes, contra os superiores menos tiranos e a favor de dependentes que menos merecem.

É a arma das mulheres irritantes e rebeldes, aquelas que fariam o pior uso do poder se o tivessem nas mãos e que geralmente usariam tal poder muito mal. As mulheres afáveis não seriam capazes de usar tal instrumento, e as de princípios mais elevados o desprezariam.

Por outro lado, os maridos, contra quem tal poder é utilizado de modo mais efetivo, são os mais gentis e inofensivos: aqueles que não podem ser induzidos, nem mesmo por provocação, a recorrer a qualquer exercício severo de autoridade.

O poder da esposa em discordar geralmente estabelece somente um tirano oposto e, principalmente, transforma em vítima aqueles marido que têm menos inclinação para tirania.

O que, então, realmente acalma os efeitos deturpados do poder e o torna compatível com tanto bem que podemos atualmente observar?

O simples carinho feminino, embora de grande efeito em exemplos individuais, tem pouco efeito para modificar as tendências gerais da situação. O seu poder somente dura enquanto a mulher for jovem e atraente, geralmente somente enquanto seu encanto for novo e não ofuscado pela familiaridade. E, em muitos homens, estes carinhos não têm influência em época nenhuma.

As reais causas apaziguadoras são: a afeição pessoal que cresce com o tempo, na medida em que a natureza do homem é suscetível à mulher e o caráter dela suficientemente compatível com o dele para despertar tal afeição; seus interesses em comum com relação aos filhos e seus interesses gerais no que se refere a terceiros (com os quais, contudo, existem muitas limitações); a importância verdadeira da esposa para o conforto e a satisfação diária do marido e o valor que ele consequentemente dá a ela por conta própria – e, para um homem capaz de desenvolver sentimento por outras pessoas, valor é o fundamento para se importar com a esposa – e, finalmente, a influência naturalmente sofrida por quase todos os seres humanos daqueles que estão próximos deles (se realmente não entrarem em desacordo) – aqueles que, tanto por intermédio de suas solicitações diretas ou pela comunicação insensível de seus sentimentos e disposições, são geralmente capazes, a menos que sejam enfrentados por alguém com influência pessoal igualmente forte, de obter um grau de comando sobre a conduta de seu superior, inteiramente excessivo e irracional.

Por estes vários meios, a esposa frequentemente exerce muito poder sobre o homem. Ela é capaz de afetar a conduta dele em assuntos para os quais pode não estar qualificada para exercer boa influência – sobre os quais a influência dela pode ser não somente ignorante, mas empregada no lado moralmente errado; e, em tal caso, ele agiria melhor se lhe fosse permitido tomar as próprias decisões.

Mas, nem nos assuntos familiares nem naqueles de estado, o poder feminino é uma compensação da perda da liberdade. Este poder da mulher geralmente lhe dá o que ela não tem direito a ter, mas não lhe possibilita assegurar os próprios direitos.

A escrava favorita de um sultão tem escravas sob o seu domínio, sobre quem ela exerce sua tirania. Mas o que seria desejável é que ela não tivesse escravas e também não fosse uma, deixando a própria existência por conta de seu marido, não tendo desejos (ou persuadindo o marido dizendo não ter nenhum), a não ser os dele, em relação a qualquer parte que esteja ligada ao relacionamento dos dois e transformando sua vida em tarefas para agradar os sentimentos do marido. Uma esposa pode recompensar a si mesma influenciando e, muito provavelmente, pervertendo a conduta do marido em suas relações externas as quais ela não está qualificada para julgar, ou sobre as quais ela mesma é totalmente influenciada por algum preconceito pessoal ou por outra parcialidade.

Deste modo, como as coisas estão agora, aqueles que agem de modo mais gentil com suas esposas são frequentemente influenciados para o pior ou para o melhor por ela, no que diz respeito a todos os interesses que estão além da família.

Ela é ensinada que não deve interferir em assuntos fora de sua esfera e, deste modo, raramente tem qualquer opinião honesta e consciente sobre tais assuntos. Portanto, quase nunca ela interfere nestes assuntos por algum propósito legítimo, mas geralmente por um de seus interesses.

Ela nem sabe e também não se importa com o lado correto da política, mas sabe o que lhe trará dinheiro ou convites, o que fará o marido receber um título, o seu filho obter uma posição e a filha, um bom casamento.

Esta é a questão: pode qualquer sociedade existir sem governo? Em uma família, como em um estado, alguém tem de ser o governante principal.

Quem irá decidir quando as pessoas casadas diferem de opinião? Ambos não podem fazer as coisas a seu modo; portanto, uma decisão deve ser tomada por um dos lados.

Não é verdade que em todas as associações voluntárias entre duas pessoas uma delas tenha que ser o senhor absoluto. Ainda menos verdade é que a lei deve determinar qual deles será.

O caso mais frequente de associação voluntária, parecida com o casamento, é a sociedade nos negócios. E não é necessário decretar que, em toda a parceria, um sócio deva ter o controle total sobre os assuntos e os outros devam obedecer a suas ordens.

Ninguém faria uma parceria sob termos que o sujeitariam às responsabilidades de um superior, com poderes e privilégios somente de um funcionário ou agente. Se a lei tratasse de outros contratos como faz com o casamento, ela estabeleceria que um dos sócios iria administrar os negócios como se fosse um assunto particular e que os outros deveriam somente ter seus poderes delegados. E ainda que o superior deveria ser designado por alguma presunção geral da lei, como por exemplo, ser o mais velho.

A lei nunca faz isto, nem a experiência mostra que seja necessário que qualquer desigualdade teórica de poder deva existir entre os sócios, ou que a sociedade deveria ter qualquer outra condição diferente daquela que os próprios sócios indicam em seus contratos.

Contudo, no caso de sociedades e não no casamento, parece que o poder exclusivo pode ser concedido com menos perigo aos direitos e interesses do inferior, uma vez que ele é livre para cancelar tal poder, retirando-se da parceria. A esposa não tem esta possibilidade, e mesmo que tivesse, seria desejável que ela sempre tentasse todas as medidas cabíveis antes de recorrer a isto.

É bem verdade que as coisas que precisam ser decididas todos os dias e não podem ser gradualmente ajustadas, ou esperar por um compromisso, têm que depender da vontade de uma pessoa. Esta pessoa deve ter o controle único sobre tais coisas. Mas isto não quer dizer que a pessoa tenha que ser sempre a mesma.

A disposição natural é a divisão de poderes entre os dois, cada um sendo absoluto na divisão executiva de seu departamento e, no caso de qualquer mudança de sistema e princípios, os dois devem dar sua aprovação. A divisão não pode e nem deve ser pré-estabelecida pela lei, uma vez que deve depender das capacidades e adequações individuais.

Se duas pessoas decidirem, elas podem designar antecipadamente por um contrato de casamento, como as providências pecuniárias serão frequentemente pré-designadas após o casamento.

Raramente deveria haver alguma dificuldade em decidir tais coisas pelo consentimento mútuo, a menos que o casamento fosse um daqueles infelizes, nos quais todos os outros assuntos, inclusive este, tornam-se motivos de briga e disputa.

A divisão de direitos seguiria naturalmente a divisão de deveres e funções – e, isto já é feito por consentimento, e não pela lei, mas pelos costumes gerais, modificados ou modificáveis pela vontade das pessoas envolvidas.

A real decisão prática das questões, seja qual for a autoridade legal concedida, irá depender grandemente de qualificações comparativas, como já acontece atualmente. O simples fato de ser, geralmente, o mais velho irá conceder, na maioria dos casos, a preponderância ao homem – pelo menos, até que ambos cheguem a uma época da vida na qual a diferença de suas idades não tenha nenhuma importância. Também haverá naturalmente uma voz mais potente de um lado, qualquer que seja, que trará os meios de sustento.

A desigualdade a partir deste ponto de vista não depende da lei do casamento, mas sim das condições gerais da sociedade humana atualmente constituída. A influência da superioridade mental, seja geral ou especial, e da decisão do caráter superior irá necessariamente revelar muita coisa. Nos dias de hoje, sempre revela.

Este fato mostra como existe pouco fundamento para a apreensão de que, sobre os poderes e as responsabilidades, os parceiros na vida (assim como os parceiros nos negócios) não possam satisfatoriamente partilhar um acordo.

Eles sempre fazem uma divisão proporcional, exceto nos casos em que a instituição do casamento for uma falha. As coisas nunca são consideradas como uma questão de poder absoluto de um lado e obediência do outro, exceto quando a união como um todo for um erro, e seria, então, uma bênção para ambas as partes que ela fosse desfeita.

Alguns dizem que o modo pelo qual uma resolução amistosa de diferenças torna-se possível é o poder da obrigação legal, conhecido como reservado. As pessoas submetem-se a um julgamento porque há uma corte judicial, em segundo plano, que pode forçá-las a obedecer.

Mas, para estabelecer um paralelo entre os casos, devemos supor que a regra da corte judicial era não a de colocar a causa à prova, mas de sempre fazer o julgamento pelo mesmo lado, supostamente o lado do acusado.

Assim, a receptividade deste julgamento seria uma razão para o recorrente concordar com quase todos os julgamentos; porém, o contrário seria justo com o acusado.

O poder despótico concedido pela lei ao marido pode ser a razão de a esposa concordar com qualquer compromisso no qual o poder seja praticamente compartilhado entre os dois; mas pode não ser a razão para que o marido concorde com isso. Sempre existe entre as pessoas de conduta decente um compromisso prático, embora pelo menos uma das partes não esteja sob nenhuma necessidade física ou moral de cumpri-lo, indicando os motivos naturais que levam a um ajuste voluntário da vida unificada de duas pessoas de modo aceitável para ambos e que deve, no geral, exceto em casos desfavoráveis, prevalecer.

Este problema certamente não será superado por uma imposição legal, segundo a qual a superestrutura de governo livre deva estar baseada em um fundamento legal de despotismo, de um lado, e sujeição, de outro; e nem de que toda concessão feita pelo déspota possa, ao seu mero prazer, e sem nenhum aviso, ser anulada.

Além disso, nenhuma liberdade tem muito valor quando mantida sob um domínio tão precário. Suas condições provavelmente não são as mais imparciais quando a lei coloca um peso tão imenso sobre um lado. Se há um acordo realizado entre duas pessoas e uma delas é declarada como autorizada a fazer todas as coisas e a outra não está autorizada a fazer nada, exceto para o prazer da primeira, as fortes obrigações morais e religiosas não permitem que tal pessoa se revolte com qualquer excesso de opressão.

Um adversário obstinado, levado às extremidades, pode dizer que os maridos, na realidade, desejam ser razoáveis e fazer concessões justas à suas parceiras sem obrigação de fazê-lo, mas que as esposas não são assim. Segundo elas tiverem qualquer direito sobre si próprias, não irão reconhecer nenhum direito em outra pessoa e nunca irão conceder nada, a menos que sejam obrigadas pela simples autoridade do homem a conceder todas as coisas.

Isto teria sido dito por muitas pessoas algumas gerações atrás, quando as ironias sobre as mulheres estavam na moda e os homens achavam inteligente insultá-las por serem o que os homens queriam que elas fossem.

Porém, atualmente ninguém diria a mesma coisa. Não é uma doutrina dos dias atuais o fato de que as mulheres são menos suscetíveis do que os homens aos sentimentos bons e à consideração daqueles com quem estão unidas pelos laços mais fortes.

Pelo contrário, aqueles que são totalmente contra tratar as mulheres como se elas fossem boas, nos dizem continuamente que elas são melhores do que os homens. Tanto assim que este ditado se tornou um jargão cansativo, com a intenção de proporcionar um aspecto complementar a injúria e lembrar aquelas celebrações de clemência real que, de acordo com Gulliver, o rei de Lilliput, sempre precediam seus decretos mais sanguinários[6]. Se as mulheres são melhores do que os homens em qualquer aspecto, certamente é um autossacrifício individual em favor daqueles que fazem parte de sua família.

---

(6) Referência ao livro *As viagens de Gulliver* de Jonathan Swift (NT).

Mas não quero enfatizar este fato, uma vez que elas nascem e são criadas para se sacrificarem. Acredito que a igualdade de direitos reduziria a autoabnegação exagerada – o atual ideal artificial do caráter feminino – e que uma boa mulher não seria mais sacrificada do que o melhor dos homens. Mas, por outro lado, os homens seriam muito mais abnegados e dedicados do que são agora porque eles não seriam mais ensinados a idolatrar a própria vontade como se fosse uma coisa formidável assim como é a lei, na realidade, para um outro ser racional.

Não há nada que os homens aprendam com tanta facilidade quanto esta egolatria – todas as pessoas privilegiadas, assim como todas as classes privilegiadas, são assim. Quanto mais descemos na escala da humanidade, mais intenso se torna este fato, principalmente entre aqueles que não são e nunca podem esperar ser exaltados por alguém, exceto por uma esposa e filhos infelizes.

As exceções louváveis são proporcionalmente menores do que o caso de quase qualquer outra fraqueza humana. A filosofia e a religião, em vez de controlar tal domínio, geralmente são instigadas a defendê-lo, e nada pode controlá-lo a não ser o sentimento prático de igualdade dos seres humanos – que é a teoria do cristianismo, mas que o próprio cristianismo praticamente nunca irá ensinar, uma vez que aprova as instituições baseadas em preferência arbitrária de um ser humano sobre o outro.

Existem, sem dúvida, mulheres, assim como homens, a quem a igualdade de respeito não irá satisfazer. Tais pessoas não ficarão em paz enquanto qualquer vontade ou desejo, que não seja o seu, não seja atendido.

Estas pessoas são um assunto adequado para a lei do divórcio. Elas servem somente para viver sozinhas e nenhum ser humano deveria ser obrigado a unir sua vida com a de tais pessoas.

Porém, a subordinação legal está inclinada a formar tal caráter com mais frequência entre as mulheres.

Se o homem exerce seu poder total, a mulher, é claro, será esmagada; mas, se ela for tratada com indulgência e tiver permissão para assumir o poder, não existem regras para estabelecer limites para seus abusos.

A lei, não determinando os direitos dela, mas teoricamente permitindo que ela não tenha absolutamente nenhum, praticamente declara que, na medida em que ela não tem algum direito, ela pode planejar como obtê-lo.

A igualdade entre as pessoas casadas perante a lei não é o único modo pelo qual um relacionamento particular pode tornar-se coerente e justo para os dois lados, além de proveitoso para a felicidade de ambos, mas é o único meio de transformar a vida diária da humanidade, em qualquer aspecto, em uma escola de aperfeiçoamento moral.

Embora a verdade geralmente possa não ser sentida nem reconhecida pelas futuras gerações, a única escola do genuíno sentimento moral é a sociedade entre pessoas iguais. A educação moral da humanidade tem, até agora, se originado a partir da lei do poder e adapta-se quase que unicamente às relações criadas pelo poder.

Nos estados menos avançados da sociedade, as pessoas quase nunca reconhecem qualquer relação com seus iguais. Ser igual é ser inimigo. A sociedade, de seu ponto mais elevado até o mais baixo, é uma longa corrente, ou melhor, uma escada, onde cada indivíduo está acima ou abaixo de seu vizinho mais próximo e, quando ele não comandar, deverá obedecer.

As moralidades existentes, como consequências, estão principalmente ajustadas em uma relação de comando e obediência. Contudo, o comando e a obediência são necessidades desafortunadas da vida humana; a sociedade que vive em igualdade está em seu estado normal.

Já na vida moderna, cada vez mais, o comando e a obediência estão se tornando fatos excepcionais da vida, e a união com igualdade é a regra geral. A moralidade dos primeiros séculos estava baseada na obrigação de submeter-se ao poder; a moralidade dos séculos seguintes baseava-se no direito dos fracos em obter a benevolência e a proteção dos mais fortes.

Quanto tempo mais uma forma de sociedade e de vida se contentará com a moralidade feita para o outro? Nós temos a moralidade da submissão, a moralidade do cavalheirismo e da generosidade: agora, é a vez da moralidade da justiça. Em épocas anteriores, qualquer abordagem era feita em relação a uma sociedade sob o princípio de igualdade e a justiça sustentava suas reivindicações como fundamento de virtude. Isto acontecia, portanto, nas repúblicas livres da antiguidade.

Mas, mesmo analisando o melhor exemplo, a igualdade estava limitada aos cidadãos livres do sexo masculino; escravos, mulheres e residentes não emancipados estavam sob o domínio da lei do poder.

A influência conjunta da civilização romana e do cristianismo eliminou estas diferenças que, na teoria (e de modo parcial na prática), declaravam as reivindicações do ser humano como sendo superiores àquelas de sexo, classe ou posição social.

As barreiras que tinham começado a ser niveladas foram erguidas novamente pelas conquistas setentrionais. Toda história moderna consiste em um processo lento pelo qual estas diferenças têm se desgastado. Estamos entrando em uma ordem das coisas na qual a justiça será novamente a virtude principal, como na igualdade, mas agora também baseada na união compreensiva; tendo suas raízes não mais no instinto de igualdade para autoproteção, mas em uma compreensão aperfeiçoada entre os seres humanos; sem deixar ninguém de fora, mas com uma medida de igualdade que irá abranger a todos.

Não é nenhuma novidade que a humanidade não possa nitidamente prever as próprias mudanças e que seus sentimentos estejam adaptados ao passado e não às épocas vindouras. Prever o futuro da espécie sempre foi privilégio da elite intelectual ou daqueles que aprenderam com esta elite; sentir que o futuro será a diferença e também o martírio é privilégio de uma elite ainda mais rara.

As instituições, os livros, a educação e a sociedade continuam ensinando os seres humanos com base em fatos antigos, mesmo depois do novo já ter chegado – ainda mais quando está acabando de chegar.

Mas a virtude verdadeira dos seres humanos é a competência de viverem juntos, como seres iguais, não reivindicando nada para si mesmos a não ser o que livremente concedam para todas as outras pessoas, além da consideração de que qualquer tipo de comando seja uma necessidade temporária e da preferência, sempre que possível, à sociedade daqueles com quem a liderança e a obediência podem ser alternadas e recíprocas. Para estas virtudes, nada na vida, do modo como está constituído no presente momento, é aperfeiçoado pelo exercício.

A família é uma escola de despotismo, na qual as virtudes e também os vícios deste regime são amplamente acalentados.

A cidadania, nos países livres, é, até certo ponto, uma escola da sociedade baseada em igualdade; porém, esta cidadania preenche somente uma pequena parcela da vida moderna e não se aproxima dos hábitos diários ou dos sentimentos mais íntimos.

A família, imparcialmente constituída, seria a verdadeira escola das virtudes da liberdade. Seria, na realidade, uma escola suficiente para todas as outras coisas da vida. Sempre será uma escola de obediência para os filhos e de comando para os pais.

O que realmente seria necessário é que fosse uma escola de compreensão da igualdade, da vida em conjunto com amor, sem o poder de um lado ou a obediência de outro. Deveria ser assim entre os pais.

A família seria, então, um exercício das virtudes que cada um necessita para encaixar-se em todas as outras associações; para os filhos, seria um modelo de sentimento e conduta que seu treinamento temporário pela da obediência está designado a proporcionar à prática habitual e, portanto, natural para ele.

O treinamento moral da humanidade nunca estará adaptado às condições de vida para as quais todos os outros progressos humanos são uma preparação, até que sejam praticadas em família a mesma regra moral que está adaptada à constituição normal da sociedade humana.

Qualquer sentimento de liberdade que possa existir em um homem – cujas intimidades mais próximas e profundas são aquelas de quem ele é o senhor absoluto –, e não o amor genuíno ou cristão da liberdade, mas aquele amor pela liberdade que geralmente existia na antiguidade e na Idade Média (um sentimento intenso de dignidade e importância da própria personalidade), faz com que ele despreze a opressão sobre si mesmo, da qual não sente nenhuma aversão a não ser abstrata, mas que ele está totalmente pronto a impor aos outros por conta de seus interesses ou suas glórias.

Admito prontamente – e este é o primeiro fundamento das minhas esperanças – que inúmeras pessoas casadas, mesmo sob a lei atual (nas classes mais altas da Inglaterra, provavelmente a grande maioria), vivem no espírito de uma lei de igualdade e justiça. As leis existentes nunca seriam aperfeiçoadas se não houvesse inúmeras pessoas cujos sentimentos morais fossem melhores do que elas.

Tais pessoas deveriam apoiar os princípios defendidos aqui, para quem a única preocupação deveria ser tornar todos os outros casais iguais a estes mencionados anteriormente. Todavia, mesmo as pessoas com considerável valor moral, a menos que também sejam pensadores, estão prontas a acreditar que as leis e as práticas, das quais pessoalmente não experimentaram as maldades, não produzem nenhum mal, pelo contrário (aparentemente sempre aprovadas): provavelmente produzem o bem e que está errado não concordar com elas.

Seria contudo um grande erro das pessoas casadas como se fossem legalmente iguais supor, devido às condições legais do laço que as une e por viverem a igualdade e sentirem-na em todos os aspectos, que isto ocorra com todos os outros casais, mesmo quando o marido não é um malfeitor de má reputação. Supor tal situação seria mostrar igual ignorância quanto à natureza humana e ao fato.

Quanto menos adequado um homem for para o exercício do poder, menos provável será que ele exerça tal poder sobre qualquer pessoa que aceite isto voluntariamente; quanto mais ele se envolve na consciência do poder que a lei lhe proporciona, exigindo seus direitos legais até a última instância que o costume (o costume dos homens como ele) tolera, mais ele obterá prazer em usar tal poder simplesmente para estimular o sentimento conveniente de possuí-lo.

Mais do que isso, na parte mais naturalmente bruta e moralmente deseducada das classes sociais inferiores, a escravidão legal das mulheres e em sua mera sujeição física aos desejos deles, usada como um instrumento, faz com que eles sintam um tipo de desrespeito e desprezo pela própria esposa, que não sentem por qualquer outra mulher ou por qualquer outro ser humano com quem tenham contato. Tal desrespeito faz com que ela lhes pareça uma pessoa apropriada para qualquer tipo de indignidade.

Um observador perspicaz das demonstrações dos sentimentos, que tenha as oportunidades necessárias, deve julgar por si próprio se este é ou não o caso. E, se ele achar que é, tomara que imagine a quantidade de desgosto e indignação que se pode sentir contra as instituições que naturalmente conduzem a este estado depravado da mente humana.

Talvez nos tenham dito que a religião impõe a obrigação da obediência, assim como todo fato estabelecido e intolerável sob qualquer outra justificativa sempre nos é apresentado como uma ordem da religião. A Igreja, na realidade, recomenda tal obrigação em seus formulários, mas seria difícil obter esta injunção do cristianismo. Sabemos que São Paulo disse: "Esposas, obedeçam aos vossos maridos"; mas ele também disse: "Escravos, obedeçam aos seus senhores". Não era tarefa do apóstolo Paulo nem era condizente com seu objetivo – a propagação do cristianismo – provocar alguém para revoltar-se contra as leis existentes.

A aceitação do apóstolo de todas as instituições sociais como ele as encontrou não deve ser interpretada como uma desaprovação das tentativas de aperfeiçoá-las no tempo adequado; assim como sua declaração: "Os poderes existentes são estabelecidos por Deus", que concede aprovação para o despotismo militar como forma de governo político ou ordena obediência passiva a este.

Fingir que o cristianismo pretendia estereotipar as formas existentes de governo e de sociedade e protegê-las contra qualquer mudança é reduzi-lo ao nível do islamismo ou do bramanismo.

É exatamente porque o cristianismo não fez isto que ele é a religião da parte progressiva da humanidade, enquanto o islamismo, o bramanismo e as outras são religiões das partes estáveis – ou melhor (pois não existe uma sociedade estável de fato), das partes em decadência.

Existem várias pessoas, em todas as épocas do cristianismo, que tentaram algo do mesmo tipo: nos converter para um tipo de mulçumanos cristãos, com a Bíblia como Alcorão, proibindo todo tipo de desenvolvimento. O poder deles foi tão grande que muitos sacrificaram suas vidas para resistir. Contudo, eles foram detidos e a resistência nos tornou o que somos e ainda nos transformará no que devemos ser.

Depois do que foi dito a respeito da obrigação da obediência, é quase desnecessário dizer algo em relação ao ponto mais especial incluído no contexto geral: o direito da mulher sobre a própria propriedade. Eu não espero que esta obra possa causar nenhuma impressão sobre aqueles que precisam de algo para se convencer de que a herança ou os ganhos de uma mulher devem pertencer a ela após o casamento, assim como pertenciam antes dele.

A regra é simples: o que quer que pertença ao marido ou à mulher antes de eles se casarem deve estar sob exclusivo controle deles durante o casamento. Esta resolução não precisa limitar o uso da propriedade por meio de um acordo a fim de preservá-lo para os filhos. Algumas pessoas ficam sentimentalmente chocadas com a ideia de uma participação nos assuntos monetários, tão inconsistente com a fusão ideal de duas vidas em uma.

No que me diz respeito, sou um dos defensores mais fortes da comunhão de bens, quando resultante de uma unidade total de sentimento dos donos, o que torna as coisas comuns entre eles. Porém, eu não aprecio a comunhão de bens baseada na doutrina que diz que tudo que é meu é seu, mas tudo que é seu não é meu. Eu preferiria não entrar nesta discussão com ninguém, embora eu mesmo lucrasse com isso.

Esta injustiça em particular com as mulheres, mais óbvia para a compreensão comum do que todo o resto, admite remediar sem causar danos a nenhuma das partes, e há poucas dúvidas de que ela será uma das primeiras a ser remediada.

Em muitos Estados novos e antigos da Confederação Americana, cláusulas foram inseridas, até mesmo nas Constituições escritas, assegurando às mulheres a igualdade de direitos neste aspecto. Isto melhorou materialmente a posição, dentro do casamento, daquelas mulheres que possuem propriedade, deixando para elas um instrumento de poder não transferido e evitando também o abuso escandaloso da instituição matrimonial – praticado quando um homem induz uma mulher a casar-se com ele sem um acordo, para o único propósito de obter o dinheiro dela.

Quando o sustento da família depende não da propriedade, mas de ganhos, o acordo comum no qual o homem ganha a renda e a esposa supervisiona os gastos domésticos, me parece, no geral, a divisão mais adequada de trabalho entre duas pessoas.

Se, além do esforço físico de carregar os filhos, de cuidar deles e de educá-los nos primeiros anos, a esposa compromete-se com uma cuidadosa aplicação econômica dos ganhos do marido para o conforto geral da família, ela estará não somente tendo uma participação justa, mas geralmente a maior, que é o empenho físico e mental exigido pela existência conjunta deles.

Se ela se comprometer com algo mais, isto raramente irá atenuar as outras tarefas e somente fará com que ela não realize todas de modo adequado. Se ela mesma não puder cuidar dos filhos e da casa, ninguém mais o fará; as crianças que não morrerem, crescerão como puderem e o gerenciamento da casa provavelmente será tão ruim a ponto de o salário da esposa ser usado para auxiliar nos gastos domésticos.

Na minha opinião, em um estado diferente de coisas, não é um costume desejável que a esposa contribua com seu trabalho para a renda da família. De um ponto de vista injusto, se ela fizer isto, pode ser útil para ela mesma – uma vez que terá mais valor aos olhos do homem que legalmente é o seu senhor –, mas, por outro lado, isto possibilitará que ele possa abusar de seu poder, forçando-a a trabalhar e deixando o sustento da família por conta dela, enquanto ele passa a maior parte do tempo bebendo e na ociosidade.

O *poder* de ter a própria renda é essencial para a dignidade da mulher, se ela não tiver uma propriedade independente. Porém, se o casamento fosse um contrato de igualdade, não implicando na obrigação de obediência; se a ligação não fosse direcionada para a opressão daquelas para quem esta é puramente uma maldade, mas uma separação em termos justos (não estou falando de um divórcio) pudesse ser obtida por qualquer mulher moralmente autorizada para tal; e, se ela pudesse, então, encontrar empregos respeitáveis tão livremente oferecidos para ela como para os homens, não seria necessário que durante o casamento ela fizesse uso particular de suas aptidões para a própria proteção.

Assim como um homem escolhe uma profissão, quando uma mulher se casa, pode-se entender que ela está escolhendo cuidar dos assuntos do lar e da educação da família, como primeira exigência de seu empenho durante os anos de sua vida necessários para este propósito. Entende-se também que ela renuncia não a todos os objetivos e as ocupações, mas a todos os que não são consistentes com as necessidades de cuidar do lar.

O exercício real, de modo habitual ou sistemático, de ocupações externas ou daquelas que não podem ser realizadas dentro de casa seriam, por este princípio, proibidas para um grande número de mulheres casadas. Mas, a latitude máxima deve existir para a adaptação das regras gerais nas adequações individuais. Além disso, não deve haver nada para evitar que as aptidões femininas excepcionalmente adequadas a qualquer outra profissão não possam ser utilizadas em sua vocação sem prejudicar o casamento, devido às condições proporcionadas de outro modo para suprir as deficiências que são inevitáveis em seu desempenho total das funções comuns de dona de casa de uma família.

Estas coisas devem ser aceitas pela opinião com total segurança, se é que existem opiniões direcionadas a este assunto, sem nenhuma interferência da lei.

Capítulo III

Sobre o outro ponto que envolve a igualdade das mulheres – sua aceitação em todas as funções e ocupações até aqui retidas como monopólio do sexo mais forte –, devo antecipar que não há nenhuma dificuldade em convencer qualquer pessoa que tenha acompanhado o argumento sobre a igualdade das mulheres na família. Acredito que a limitação delas em outras áreas é mantida a fim de preservar sua subordinação à vida doméstica, porque a maioria dos homens ainda não consegue tolerar a ideia de viver em igualdade.

Se não fosse por esta razão, acho que quase todas as pessoas, no estado atual de opinião sobre a política e a economia política, admitiriam a injustiça de excluir metade da raça humana de quase todas as altas funções sociais, ordenando, a partir de seu nascimento, que elas não são ou não podem vir a ser apropriadas para os empregos que legalmente estão abertos para os mais estúpidos e brutos do outro sexo – ou ainda mais, que embora elas possam ser adequadas, tais empregos serão proibidos para elas a fim de serem preservados para o exclusivo benefício dos homens.

Nos últimos dois séculos, quando qualquer razão, além da mera existência do fato, **era** considerada necessária para justificar as inaptidões das mulheres. As pessoas raramente apontavam sua capacidade mental inferior como uma razão para tal; porém, nas épocas em que havia um julgamento real das aptidões pessoais (do qual não se excluíam as mulheres) nas contendas da vida pública, ninguém realmente acreditava na capacidade mental delas.

A razão apresentada naqueles dias não era a inadequação das mulheres, mas o interesse da sociedade – que significava o interesse dos homens –, assim como a *raison d'état* (razão de ser) significava que a conveniência do governo e o apoio à autoridade existente eram consideradas explicações suficientes e uma desculpa para os crimes mais abomináveis.

Nos dias atuais, o poder apresenta uma linguagem mais suave e, seja quem for que tal poder coloque sob opressão, é sempre com a intenção de fazer o bem. Deste modo, quando algo é proibido para as mulheres, considera-se necessário dizer e desejável acreditar que elas são incapazes de fazê-lo e que são afastadas de seu caminho verdadeiro para o sucesso e para a felicidade quando pretendem realizá-lo.

Porém, para tornar esta razão plausível (não digo válida), aqueles que a alegam devem estar preparados para realizá-la em maior extensão do que qualquer um que se arrisque a fazê-la em face da experiência atual.

Não é suficiente afirmar que as mulheres em geral são menos dotadas do que os homens em geral, com certas faculdades mentais mais elevadas; ou que menos mulheres do que de homens são adequadas para as ocupações e funções de caráter intelectual mais elevado.

É necessário afirmar que absolutamente nenhuma mulher é adequada para tais empregos e que, mesmo as mais eminentes, possuem faculdades mentais inferiores com relação aos homens mais medíocres para quem tais funções são delegadas. Se o desempenho da função é decidido por meio de uma competição ou uma escolha que com certeza diz respeito ao interesse público, não deve haver nenhuma apreensão de que qualquer função importante irá cair nas mãos de mulheres inferiores à maioria dos competidores do sexo masculino.

O único resultado seria menos mulheres do que homens assumindo tais funções ou ocupações – um resultado que certamente aconteceria em qualquer caso, a não ser quando houvesse preferência pela maioria das mulheres por uma vocação e onde não há ninguém para competir com elas.

Agora, o depreciador mais determinado de mulheres não irá arriscar-se em negar que, quando adicionamos a experiência recente àquela das épocas passadas, as mulheres – e não somente algumas,

mas muitas delas – provaram ser capazes de fazer tudo, talvez sem uma única exceção, que é feito pelos homens, além de realizar a tarefa com sucesso e credibilidade.

O máximo que se pode dizer é que existem muitas coisas que nenhuma delas conseguiu realizar com sucesso, assim como também não conseguiram alguns homens – e quando conseguiram, não alcançaram a classificação mais alta.

Mas existem pouquíssimas funções ou ocupações que dependam somente das faculdades mentais nas quais elas não obtiveram classificação próxima da mais elevada. Isto não é suficiente, ou muito mais do que suficiente, para transformar em tirania contra elas e em detrimento para a sociedade o fato de que elas não têm permissão para competir com os homens no exercício destas funções?

Não é uma mera banalidade dizer que tais funções são geralmente preenchidas por homens muito menos adequados do que várias mulheres, e eles que seriam vencidos pelas mulheres em qualquer área de competição justa. Que diferença faz o fato de que pode haver homens em alguns lugares, totalmente ocupados com outras coisas, que podem ainda ser mais bem qualificados para as funções em questão do que estas mulheres? Isto não acontece em todas as competições?

Existe um excesso tão grande de homens adequados para as funções importantes que a sociedade tem condições de rejeitar o serviço de qualquer pessoa competente? Estamos tão certos de sempre encontrar um homem por perto para qualquer desocupada ocupação ou função de importância social que não perdemos nada proibindo metade da humanidade e recusando de antemão utilizar suas aptidões, não importando o quanto elas possam se destacar?

E, mesmo que pudéssemos ficar sem elas, seria condizente com a justiça recusar às mulheres uma parcela justa de honra e mérito ou negar-lhes o direito moral de igualdade de todos os seres humanos de escolher suas ocupações (quase uma injúria para os outros) de acordo com suas preferências, por conta própria?

Nem a injustiça está restrita a elas: é compartilhada por aqueles que são beneficiados pelo serviço delas. Estabelecer que determinados tipos de pessoas não devem ser médicos ou advogados ou não devem ser membros do parlamento não irá prejudicar somente tais pessoas, mas todos aqueles que empregam médicos ou advogados ou que elegem membros do parlamento, e são privados do efeito estimulante de uma competição maior entre os concorrentes – assim como ficam restritos a uma abrangência mais estreita de escolha individual.

Talvez seja suficiente se eu me limitar, nos detalhes de meu argumento, às funções de natureza pública. Pois, uma vez que eu tenha sucesso, provavelmente será fácil estender o argumento para o fato de que as mulheres deveriam ser admitidas em todas as outras ocupações para as quais sua aceitação ou não é essencial.

Deixe-me começar apontando uma função, amplamente diferenciada de todas as outras: o direito de votar, totalmente independente de qualquer questão que possa surgir com respeito às aptidões femininas. Quero dizer o sufrágio, tanto parlamentar quanto municipal.

O direito de escolher aquelas pessoas que irão exercer um cargo público é algo totalmente diferente de competir pelo cargo propriamente dito. Se ninguém pudesse votar em um membro do parlamento que não fosse apropriado para ser um candidato, o governo seria de fato uma oligarquia restrita.

Ter o direito de escolher aqueles por quem seremos governados é um meio de autoproteção de cada indivíduo, embora este indivíduo permaneça para sempre excluído da função de governar. Presume-se que as mulheres são consideradas adequadas para fazer tal escolha a partir do fato de que a lei já lhes concede este direito com relação ao caso mais importante de suas vidas: o casamento. A escolha do homem que vai governar uma mulher até o fim da vida é sempre considerada uma escolha voluntária, feita por ela.

No caso da eleição de cargos públicos, é obrigação da lei constitucional cercar o direito de sufrágio, com todas as garantias e limitações necessárias. Porém, quaisquer que sejam as garantias suficientes no caso dos homens, também serão exigidas no caso das mulheres.

Sob quaisquer condições e dentro de quaisquer limites, os homens são aceitos para o sufrágio; portanto, não há nenhum obstáculo que possa justificar a não aceitação da mulher sob as mesmas condições.

A maioria das mulheres de qualquer classe social provavelmente não difere na opinião política da maioria dos homens da mesma classe social, a menos que a questão envolva os interesses das mulheres. Sendo assim, as mulheres precisam do sufrágio como garantia de respeito justo e igual. Isto deve ser óbvio mesmo para aqueles que não concordam com nenhuma outra doutrina defendida por mim. Vamos supor que toda mulher fosse uma esposa, e que toda esposa tivesse que ser uma escrava: estas escravas precisariam ainda mais de proteção legal – e sabemos que proteções legais as escravas têm quando as leis são feitas pelos senhores.

No que diz respeito à adequação das mulheres, não somente para participarem das eleições mas também para exercerem cargos públicos ou praticarem profissões que envolvam importantes responsabilidades públicas, já observei que esta consideração não é essencial para a questão prática em discussão. Qualquer mulher que tenha sucesso em uma profissão aberta pode provar, por este fato, que ela está qualificada para tal.

No caso de cargos públicos, se o sistema político do país exclui os homens inadequados, irá igualmente excluir as mulheres inadequadas. Sendo assim, não há nenhum mal adicional no fato de que as pessoas inadequadas podem ser mulheres ou homens.

Uma vez que já se reconhece que até mesmo algumas mulheres podem ser adequadas para estas funções, as leis que fecham a porta para tais exceções não possam ser justificadas por qualquer opinião que possa ser mantida com relação às capacidades das mulheres em geral.

Embora esta última consideração não seja essencial, ela está longe de ser irrelevante.

Um ponto de vista sem preconceitos proporciona uma defesa adicional aos argumentos contra as inaptidões femininas e reforça tais argumentos por meio de altas considerações de utilidade prática.

Primeiramente, vamos resumir todas as considerações psicológicas as quais possam indicar que qualquer diferença mental supostamente existente entre mulheres e homens seja efeito das diferenças em sua educação e suas condições, e não indique nenhuma diferença radical da natureza, muito menos de inferioridade.

Vamos considerar as mulheres simplesmente como elas já são – ou como se pensa que elas sejam – e as habilidades que elas praticamente já apresentam. O que elas fizeram está no mínimo provado que são capazes de fazer.

Quando consideramos o quanto elas são perseverantes, sendo educadas longe das ocupações ou dos objetivos reservados para o homem, em vez de serem educadas em direção a tais ocupações e objetivos, é evidente que estou falando de fundamentos básicos ao mencionar o que elas realmente conseguiram realizar.

Neste caso, a evidência negativa é pouco valiosa, enquanto a evidência positiva é definitiva.

Não se pode concluir que seria impossível que uma mulher fosse um Homero, um Aristóteles, um Michelangelo ou um Beethoven, porque nenhuma mulher já produziu trabalhos comparáveis aos deles em nenhuma destas linhas de excelência. Este fato, no máximo negativo, deixa a questão incerta e aberta para discussão psicológica.

Mas, com certeza uma mulher pode ser uma rainha Elizabeth, uma Deborah ou uma Joana D'Arc, uma vez que isto não são deduções, mas fatos. Agora, é curioso que as únicas coisas que a lei existente não permite que as mulheres façam são coisas que elas já provaram que são capazes de fazer.

Não existe nenhuma lei que proíba uma mulher de ter escrito todas as peças de Shakespeare ou de ter composto todas as óperas de Mozart. Mas a rainha Elizabeth ou a rainha Vitória, caso não tivessem herdado o trono, não poderiam assumir o menor dos cargos políticos, nos quais a última mostrou-se igual à primeira.

Se alguma conclusão pudesse ser tirada da experiência, sem análise psicológica, seria a de que as coisas que as mulheres não têm permissão para fazer são exatamente aquelas para as quais elas estão especialmente qualificadas. A vocação delas para o governo abriu caminho e tornou-se notável, pelas pouquíssimas oportunidades que lhes foram proporcionadas; enquanto nas linhas de diferença que aparentemente estavam abertas para elas, elas não se destacaram de modo tão eminente.

Sabemos como é pequeno o número de rainhas apresentado pela história, em comparação ao número de reis. Deste pequeno número, uma grande parte delas apresentou talento para governar, embora muitas delas tenham ocupado o trono em períodos difíceis.

É notável também que elas tenham destacado-se por méritos, na maior parte dos exemplos, que seriam os mais contrários ao caráter ilusório e convencional feminino: elas se destacaram pela firmeza e vigor de seu comando, assim como por sua inteligência.

Quando acrescentamos regentes e vice-reis de províncias ao número de rainhas e imperatrizes, a lista de mulheres aumenta em grande extensão[7]. Este fato é tão incontestável que alguém, muito tempo

---

(7) Isto é especialmente verdadeiro se levarmos em consideração a Ásia e a Europa. Se um principado hindu for forte, cautelosa e economicamente governado; se a ordem for preservada sem opressão; se houver aumento de desenvolvimento e se as pessoas forem prósperas, a cada quatro principados, três deles são comandados por uma mulher. Este fato, totalmente inesperado

atrás, tentou retrucar o argumento transformando a verdade admitida em um insulto adicional ao dizer que: as rainhas eram melhores do que os reis porque por trás dos reis governavam as mulheres e por trás das rainhas governavam os homens.

Pode parecer uma perda de raciocínio argumentar contra uma brincadeira de mau gosto; mas tais coisas afetam as mentes das pessoas; e eu já ouvi homens citarem este provérbio como se o achassem verdadeiro. De qualquer modo, servirá, como qualquer outro fato, de ponto de partida para a discussão. Eu digo, então, que não é verdade que as mulheres governam por trás dos reis.

Tais casos são totalmente excepcionais. Reis fracos têm frequentemente governado mal pela influência de favoritos do sexo masculino, assim como do sexo feminino. Quando um rei é governado por uma mulher, simplesmente por suas inclinações amorosas, provavelmente o governo não será bom – embora mesmo neste caso, haja exceções.

A história francesa fala sobre dois reis que voluntariamente passaram a direção dos assuntos de governo, durante muitos anos, um para sua mãe e outro para sua irmã; um deles, Carlos VIII, era simplesmente um garoto, mas, fazendo isto, ele seguiu as intenções de seu pai, Luís XI, o monarca mais competente de sua época.

O outro, São Luís, era o melhor e um dos governantes mais vigorosos desde o tempo de Carlos Magno. Estas duas princesas governaram de modo dificilmente igualável por qualquer príncipe entre seus contemporâneos.

O imperador Carlos, o Quinto, o príncipe mais político de sua época, tinha um grande número de homens capazes a seu serviço e, enquanto governante, transformou duas princesas de sua família em Governadoras sucessivas dos países baixos. Temos que levar em consideração o fato de que ele era um dos menos prováveis entre todos os soberanos a sacrificar seus interesses por sentimentos pessoais e, ainda assim, manteve uma e outra neste posto durante toda sua vida (elas foram, mais tarde, sucedidas por uma terceira).

---

para mim, conheci a partir de uma longa experiência oficial com os governos hindus. Existem muitos exemplos iguais a este. Embora, pelas instituições hindus, uma mulher não possa reinar, ela é a regente legal de um reino durante a menoridade do herdeiro, o que é frequente, uma vez que as vidas dos governantes masculinos terminam prematuramente devido à ociosidade e aos excessos carnais. Quando consideramos que estas princesas nunca foram vistas em público, nunca conversaram com nenhum homem que não fosse de sua família, exceto por trás de uma cortina, que não leem e, se leem, não existe nenhum livro na língua delas que possa lhes oferecer a menor instrução sobre os assuntos políticos, o exemplo que elas proporcionam para a capacidade natural das mulheres ao governo é muito surpreendente.

Ambas governaram com muito sucesso e uma delas, Margaret da Áustria, foi uma das políticas mais habilidosas da época. Muita coisa para um único lado da questão.

Quando se diz que as rainhas governam sob o domínio dos homens, não é a mesma coisa que se entende quando se diz que os reis são governados por mulheres? Significa que as rainhas escolhem como seu instrumento de governo aqueles ligados aos seus prazeres pessoais.

O caso é raro mesmo entre aquelas tão inescrupulosas quanto Catarina II – e não foi neste caso que o bom governo surgiu a partir da influência masculina, como se pensa.

Se fosse verdade, então, que a administração é melhor nas mãos de homens sob domínio de uma rainha do que sob o comando de um rei comum, deveria ser porque as rainhas têm uma capacidade superior para escolhê-los. E as mulheres, portanto, deveriam estar mais bem qualificadas do que os homens tanto para a posição de soberanas quanto para a de primeiro-ministro – a função principal de um primeiro-ministro não é governar pessoalmente, mas encontrar as pessoas mais adequadas para conduzir cada departamento de assuntos públicos.

Quanto mais rápido for o discernimento de caráter, um dos pontos admitidos de superioridade das mulheres sobre os homens, certamente elas se tornarão, como qualquer coisa com a equivalência de qualificação em outros aspectos, mais aptas do que os homens na escolha de instrumentos – que é praticamente a função mais importante daqueles que governam a humanidade.

Até mesmo a inescrupulosa Catarina de Médici poderia sentir o valor do chanceler de l'Hôpital. Também é verdade que as grandes rainhas foram grandes pelos próprios talentos para governar e foram bem servidas exatamente por esta razão.

Elas conservavam a direção suprema dos assuntos nas próprias mãos, e, se escutavam bons conselheiros, elas o provavam por seu julgamento adequado na negociação de importantes questões de governo.

É razoável pensar que as mulheres adequadas para as funções mais importantes da política são incapazes de qualificar-se para funções menos importantes?

Existe alguma razão, na natureza das coisas, pela qual as esposas e irmãs de príncipes possam ser consideradas, quando convocadas, tão competentes quanto os próprios príncipes para exercer a função deles, mas as esposas e irmãs de políticos, administradores, diretores de empresas e gerentes de instituições públicas sejam consideradas incapazes de fazer o que é feito pelos seus irmãos e maridos?

A razão real é óbvia o suficiente: uma vez que as princesas, sendo colocadas acima da maioria dos homens devido à sua posição social, e não abaixo deles devido ao seu sexo, nunca foram ensinadas que era inadequado para elas se preocuparem com a política. Pelo contrário, elas tiveram permissão para sentir um interesse, liberal e natural a qualquer ser humano desenvolvido, nas grandes transações que aconteceram à sua volta e nas quais elas poderiam ter sido convocadas a participar.

As senhoras das famílias reais são as únicas mulheres que têm permissão para participar dos mesmos interesses e liberdade de desenvolvimento que os homens; e é especificamente neste caso que não se encontra qualquer inferioridade.

Exatamente onde e na proporção que as habilidades femininas para o governo foram testadas, elas foram consideradas adequadas.

Este fato está de acordo com as melhores conclusões gerais que a experiência imperfeita do mundo parece sugerir até agora com relação às tendências e aptidões características das mulheres, como demonstrado por elas mesmas. Eu não digo que elas continuarão a demonstrar, pois, como já disse mais de uma vez, eu considero uma presunção pretender decidir o que as mulheres são ou não são, podem ou não podem ser por constituição natural. Até agora, elas sempre foram mantidas, no que se refere ao desenvolvimento espontâneo, em um estado não natural no qual sua natureza não pode ser, mas tem sido, grandemente distorcida e ocultada. E ninguém pode com segurança afirmar que, se a natureza feminina fosse livre para escolher sua direção assim como acontece com os homens e se nenhuma inclinação artificial fosse proporcionada, exceto aquela exigida pelas condições da sociedade humana e oferecida igualmente a ambos os sexos, haveria alguma diferença essencial ou talvez nenhuma diferença no caráter e nas capacidades reveladas por elas.

Devo dizer agora que mesmo as diferenças atuais menos contestáveis foram simplesmente produzidas pelas circunstâncias, sem qualquer diferença de capacidade natural. Porém, observando as mulheres como são conhecidas por meio da experiência, podemos dizer, com mais verdade do que a maioria das generalizações sobre o assunto, que a inclinação de seus talentos é para o lado prático das coisas. Esta afirmação está em conformidade com a história pública das mulheres no presente e no passado.

Também é confirmada pela experiência comum e diária. Vamos considerar a natureza especial das capacidades mentais mais características de uma mulher de talento. Tais capacidades são de um tipo que prepara as mulheres para o lado prático das tarefas e as leva em direção a ele. O que significa a capacidade de percepção intuitiva de uma mulher?

Significa um discernimento rápido e correto sobre o fato presente. Não tem nada a ver com princípios gerais. Ninguém jamais compreendeu uma lei científica por intuição nem chegou a uma regra geral de obrigação ou prudência por meio dela.

Elas são resultado de coleta lenta e cuidadosa e de comparação de experiências. Nem homens e nem mulheres de intuição geralmente se destacam neste departamento, a menos que, de fato, a experiência necessária seja igual a que eles adquiriram por si mesmos.

Pois, a sua perspicácia intuitiva os torna especialmente aptos para concluir as verdades universais, uma vez que estas podem ser adquiridas a partir de seus métodos individuais de observação.

Quando, consequentemente, as mulheres têm chance de conhecer, tanto quanto os homens, os resultados da experiência de outras pessoas, por meio da leitura e da educação (eu digo quando elas têm chance porque, com relação ao conhecimento que geralmente as prepara para os maiores assuntos da vida, as únicas mulheres instruídas são as autodidatas), elas são mais supridas do que os homens, em geral, de requisitos essenciais para uma prática habilidosa e bem-sucedida.

Os homens que foram bem instruídos estão propensos a ser deficientes quanto ao fato presente; eles não observam nos fatos para os quais são convocados a resolver, que realmente estão lá, mas o que eles ensinados a esperar que esteja. Este raramente é o caso com mulheres que possuam qualquer habilidade.

A capacidade de "intuição" delas evita que elas assim o façam.

Com a igualdade de experiência e de aptidões gerais, uma mulher geralmente observa muito mais do que um homem o que está imediatamente diante dela.

Esta sensibilidade ao momento presente é a principal qualidade da qual depende a capacidade para a prática, quando comparada à teoria. Descobrir os princípios gerais faz parte da aptidão teórica; discernir e descrever casos particulares nos quais tais princípios são ou não aplicáveis constitui um talento prático, para o qual as mulheres atualmente têm uma aptidão especial.

Eu admito que não pode haver boa prática sem princípios. O lugar predominante que a rapidez de observação mantém entre as aptidões de uma mulher torna-a meticulosa e exigente na construção de generalizações precipitadas sob a própria observação; embora, ao mesmo tempo, ela esteja pronta a retificar tais generalizações, uma vez que sua observação é bem mais ampla. Mas a correção para este defeito é o acesso à experiência da raça humana, o conhecimento – exatamente o que a educação pode oferecer de melhor.

Os erros de uma mulher são especificamente aqueles de um homem inteligente autodidata, que geralmente observa o que os homens preparados pela rotina não observam, mas comete erros pela falta de conhecimento das coisas que já são conhecidas há muito tempo. É claro que ele adquiriu muito do conhecimento pré-existente, ou não poderia progredir; porém, ele adquiriu o conhecimento em fragmentos e aleatoriamente, como fazem as mulheres.

Mas esta tendência das mentes femininas para o fato presente e real, enquanto é uma fonte de erros em sua exclusividade, também é o neutralizador mais útil do erro contrário.

A principal e mais característica anomalia das mentes especulativas consiste exatamente na deficiência desta percepção vívida e no sentimento sempre presente do fato real.

Na falta deste, elas geralmente não só examinam a contradição que os fatores externos contrapõem às suas teorias, mas também perdem de vista os propósitos legítimos da especulação como um todo, deixando suas aptidões especulativas desviarem-se para regiões não habitadas por seres reais, animados ou inanimados, mesmo que idealizados, mas, sim, habitadas por sombras personificadas criadas por ilusões da metafísica ou pelo simples emaranhado de palavras – e consideram estas sombras como objetos adequados da filosofia mais elevada e transcendental.

Quase nada pode ser de maior valor para um homem de teoria e especulação, que se aplica não em colher materiais de conhecimento para observação, mas em transformar tais materiais em verdades abrangentes da ciência e das leis de conduta por meio de processos do pensamento, do que realizar suas especulações na companhia e sob a crítica de uma mulher realmente superior. Não há nada comparável com o fato de manter seus pensamentos dentro dos limites das coisas reais e dos fatos verdadeiros da natureza. Uma mulher raramente se espanta com uma abstração.

A direção habitual da mente feminina ao lidar individualmente com as coisas, e não em grupos, e (o que está intimamente ligado a este fato) seu interesse mais vívido pelos sentimentos reais das pessoas, a faz considerar, antes de tudo, em qualquer coisa que necessite ser aplicada na prática, de que modo as pessoas serão afetadas. Estas duas coisas fazem com que ela provavelmente não deposite confiança em qualquer especulação que não considere os indivíduos e que trate as coisas como se elas existissem para o benefício de alguma entidade imaginária, uma simples criação da mente, que não possa ser resolvida pelos sentimentos dos seres vivos.

Os pensamentos femininos são, portanto, tão úteis para tornar real aqueles dos pensadores do sexo masculino quanto os pensamentos masculinos o são em dar amplitude e grandeza para o pensamento das mulheres.

A fundo, quando comparados em liberalidade, eu duvido muito que as mulheres estejam em desvantagem com os homens.

Se as características mentais existentes nas mulheres são, portanto, valiosas para ajudar até mesmo na especulação, elas serão ainda mais importantes, depois de realizada tal especulação, para utilizar os resultados desta na prática.

Pelas razões anteriormente mencionadas, as mulheres provavelmente não irão cometer um erro comum dos homens: encaixar em suas regras um caso cujas particularidades o excluem da classe à qual as regras são aplicadas, ou um caso que requeira adaptação especial a tais regras.

Vamos agora considerar outra superioridade admitida nas mulheres inteligentes: enorme rapidez de compreensão. Esta não é uma qualidade preeminente que prepara a pessoa para a prática?

Na prática, todas as coisas continuamente dependem de uma decisão imediata.

Na especulação, nada é imediato. Um simples pensador pode esperar, pode levar tempo para considerar, pode colher evidências adicionais; ele não é obrigado a completar sua filosofia naquele momento exato, no caso de a oportunidade passar despercebida.

O poder de tirar a melhor conclusão possível a partir de dados insuficientes não é de fato inútil na filosofia. A construção de uma hipótese provisória consistente com todos os fatos conhecidos é frequentemente a base necessária para futuras investigações.

Mas esta aptidão é mais vantajosa na filosofia do que sua principal qualificação; e tanto para a operação auxiliar quanto para a principal, o filósofo pode escolher a época que lhe agradar.

Ele não precisa ser capaz de fazer o que faz rapidamente. O que ele mais precisa é paciência para continuar trabalhando lentamente até que os esclarecimentos imperfeitos se tornem perfeitos, até que uma conjectura se transforme em teorema.

Por outro lado, para aqueles cujo negócio depende de rapidez de pensamento temporário e deteriorável – de fatores individuais e não de meros fatores –, é uma qualificação de igual importância ao próprio poder do pensamento.

Aquele que não tem suas aptidões sob comando imediato, nas eventualidades da prática, pode não as ter de modo algum. Ele pode ser adequado para criticar, mas não para agir.

Agora, é neste aspecto que as mulheres e os homens que pensam como elas reconhecidamente se destacam.

O outro tipo de homem, por mais que suas aptidões sejam preeminentes, chega vagarosamente ao completo comando delas: aqueles com rapidez de julgamento e solicitude de ação criteriosa, mesmo com os assuntos que ele conhece melhor, e resultado gradual e lento do esforço vigoroso cultivado pelo hábito.

Talvez seja possível dizer que a grande suscetibilidade nervosa das mulheres seja uma desqualificação para a prática – a não ser na vida doméstica –, tornando-as instáveis, sensíveis, muito veementes sob a influência do momento, incapazes de persistirem, desequilibradas e incertas quanto ao poder de usar suas aptidões.

Acho que estas palavras resumem a maior parte das objeções geralmente feitas quanto à adequação das mulheres para as posições mais elevadas nos negócios. Grande parte desta suscetibilidade é simples excesso de energia nervosa desperdiçada, que poderia cessar quando a energia fosse direcionada para um propósito definitivo.

Também é resultado de desenvolvimento consciente ou inconsciente, como podemos observar pelo desaparecimento quase que total da "histeria" e das síncopes, uma vez que elas estão fora de moda.

Além disso, quando as pessoas são criadas, caso de muitas mulheres das classes sociais mais elevadas (embora bem menos em nosso país do que em qualquer outro), como plantas na estufa, protegidas contra todas as mudanças de ar e temperatura, e inexperientes em qualquer ocupação e exercício que estimule ou desenvolva o sistema circulatório e muscular, seu sistema nervoso, especialmente no que se refere à parte emocional, é mantido em operação ativa não natural e não seria difícil de imaginar que aquelas que não morrem de tuberculose, crescem com temperamentos passíveis de insanidade devido a causas insignificantes, tanto internas quanto externas, e sem vigor para suportar qualquer tarefa física ou mental, que exija esforço constante.

Porém, as mulheres criadas para trabalhar pelo sustento não apresentam nenhuma destas características mórbidas, a menos que de fato elas realizem um trabalho sedentário excessivo em salas confinadas e prejudiciais à saúde. As mulheres que, na infância, compartilham de exercícios físicos saudáveis e de liberdade corporal com seus irmãos, respirando ar puro e exercitando-se ao cair da tarde, raramente têm excessiva suscetibilidade nervosa que possa desqualificá-las para ocupações ativas.

Existe, na realidade, um certo número de pessoas, em ambos os sexos, os quais um grau incomum de sensibilidade nervosa é inerente e com um caráter marcado por características da organização que exercem a maior influência sobre o caráter geral de fenômeno vital.

Este temperamento, assim como outras estruturas físicas, é hereditário, transmitido para os filhos e também para as filhas. Mas é possível e provável que o temperamento nervoso (como é chamado) seja herdado por um número maior de mulheres do que de homens.

Assumiremos isto como um fato. Então, deixe-me perguntar: os homens de temperamento nervoso são considerados inadequados para as tarefas e ocupações geralmente adotadas por homens? Se não são, por que as mulheres com o mesmo temperamento deveriam ser inadequadas para tais tarefas e ocupações?

As peculiaridades de temperamento são, sem dúvida, dentro de certos limites, um obstáculo para o sucesso em algumas funções – embora sejam úteis para o sucesso em outras. Mas, quando a ocupação é adequada ao temperamento, e algumas vezes mesmo quando for inadequada, os exemplos mais brilhantes de sucesso são continuamente proporcionados por homens de alta sensibilidade nervosa.

Eles destacam-se em suas manifestações práticas principalmente por causa disto, uma vez que são suscetíveis a um grau mais alto de excitação do que aqueles de outra constituição. Seus poderes, quando excitados, diferem mais do que no caso de outras pessoas dos poderes apresentados em seu estado normal: eles são elevados, como se estivessem acima deles mesmos, e fazem coisas com uma facilidade que eles seriam totalmente incapazes de fazer em outras horas. Porém, esta agitação grandiosa não é, exceto em constituições corporais fracas, um mero instante, que passa imediatamente e não deixa traços permanentes e incompatíveis com a tarefa persistente e fixa para uma finalidade.

O caráter do temperamento nervoso é capaz de agitar-se *ininterruptamente*, perdurando por longos períodos de esforço contínuo. Isto é o que significa *espírito*.

Isto é o que faz o cavalo de corrida puro-sangue correr sem diminuir a velocidade até que ele caia morto. É o que tem possibilitado tantas mulheres delicadas a manter a mais sublime firmeza não somente na estaca, mas por uma longa sucessão preliminar de torturas mentais e corporais.

É evidente que as pessoas com este temperamento são especialmente adequadas para o que pode ser chamado de departamento executivo de liderança da raça humana.

Eles são a matéria-prima de grandes oradores, pregadores e magníficos difusores das influências morais.

O temperamento deles pode ser considerado menos favorável às qualidades exigidas de um homem de estado no gabinete ou de um juiz. Isto seria verdade, se a consequência necessariamente indicasse que devido ao fato de as pessoas serem irritáveis, elas devem sempre estar em estado de irritação.

Mas, isto é totalmente uma questão de treinamento. O sentimento forte é o instrumento e o elemento de autocontrole; porém, necessita ser desenvolvido nesta direção.

Quando isto acontece, este sentimento forma não só heróis de impulso, mas também aqueles heróis de autoconquista.

A história e a experiência provam que as personalidades mais exaltadas são as mais fanaticamente rígidas com seus sentimentos de obrigação, e tiveram a sua agitação treinada para agir deste modo.

O juiz, que toma uma decisão justa em um caso onde seus sentimentos estão intensamente interessados no outro lado, retira, desta mesma força de sentimento, o senso determinado da obrigação de justiça, que o possibilita alcançar a vitória sobre si mesmo.

A capacidade deste entusiasmo sublime que retira o ser humano de seu caráter diário reage sobre este próprio caráter. Suas aspirações e poderes, quando ele está neste estado excepcional, tornam-se o tipo com o qual ele compara e pelo qual ele estima seus sentimentos e procedimentos em outras horas Seus objetivos habituais assumem, então, um caráter moldado e assimilado pelos momentos de excitação grandiosa, embora tais sentimentos e procedimentos, a partir da natureza física de um ser humano, possam ser somente transitórios.

A experiência das raças, assim como a do indivíduo, não apresenta aqueles de temperamento excitável como sendo geralmente menos adequados, tanto para especulação quanto para a prática, do que os mais calmos. Os franceses e os italianos são individualmente, por natureza, mais excitáveis pelo nervoso do que as raças germânicas; e, comparados pelo menos com os ingleses, eles têm uma vida emocional habitual e diária muito mais intensa. Porém, eles têm obtido menos sucesso na ciência ou nos negócios públicos, em direito ou eminência judiciária, ou na guerra? Existem inúmeras evidências de que os gregos eram, entre os povos antigos, como ainda são seus descendentes e sucessores, uma das raças mais agitadas da humanidade.

É desnecessário perguntar em quais realizações dos homens eles não se destacaram. Os romanos, provavelmente, como o povo do sul, tinham o mesmo temperamento original. Mas o caráter severo de sua disciplina nacional, assim como no dos espartanos, tornou-os um exemplo do tipo oposto de caráter nacional – já que a maior força de seus sentimentos naturais era, principalmente, aparente na intensidade que o mesmo temperamento original proporcionava ao artificial.

Se estes casos exemplificam o que um povo naturalmente agitado pode fazer, os celtas irlandeses proporcionam um dos exemplos mais adequados do que são quando estão sozinhos (se é que se pode dizer que eles ficaram sozinhos, pois durante séculos estiverem sob a influência direta de um mal governo e do treinamento direto de uma hierarquia católica e de uma crença sincera na religião católica).

O caráter irlandês deve ser considerado, portanto, como um caso desfavorável. Contudo, quando as circunstâncias de um indivíduo são completamente favoráveis, que pessoas mostram maior capacidade para as mais variadas e múltiplas eminências individuais?

Assim como os franceses quando comparados com os ingleses, os irlandeses com os suíços, e os gregos ou italianos comparados com as raças germânicas, também as mulheres comparadas aos homens, no geral, podem fazer as mesmas coisas com alguma variação quanto ao tipo particular de superioridade. Porém, que elas fariam tais coisas de modo completo e que sua educação e desenvolvimento fossem adaptados a corrigir em vez de agravar as fraquezas incidentes em seu temperamento, eu não tenho a menor dúvida.

Supondo, contudo, que seja verdade que a mente das mulheres seja por natureza mais instável do que as dos homens, menos capaz de persistir por um longo período no mesmo esforço contínuo, mais adequada para dividir suas aptidões entre muitas tarefas do que para continuar com uma linha de conduta até o ponto mais alto que possa ser atingido por ela: tudo isto pode ser verdade sobre as mulheres, se considerarmos o modo como elas são agora (embora com inúmeras exceções) e pode justificar o fato de elas permanecerem atrás das ordens superiores dos homens exatamente nos assuntos nos quais esta absorção total da mente, em um conjunto único de ideias e ocupações, possa ser o requisito mais importante.

Esta diferença pode afetar somente um tipo de superioridade, não a própria superioridade ou o seu valor prático, e ainda permanecerá a dúvida sobre se este funcionamento exclusivo de uma parte da mente. Esta absorção da aptidão de pensamento total em um único assunto e a concentração da mente em um único trabalho é a condição normal e saudável das aptidões humanas, mesmo para uso especulativo.

Acredito que o que se ganha em desenvolvimento especial por meio desta concentração, se perde na capacidade da mente para os outros propósitos da vida. Até mesmo nos pensamentos abstratos, é minha opinião firme que a mente pode fazer mais se voltar frequentemente a um problema difícil, do que se ficar pensando nele sem interrupção.

Para os propósitos da prática, em todos os eventos, dos departamentos de nível mais elevado até os mais humildes, a capacidade de passar imediatamente de um assunto para consideração de outro, sem deixar a elasticidade ativa do intelecto parar entre os dois, é um poder muito valioso. E este poder as mulheres possuem de modo preeminente, pela virtude desta instabilidade da qual elas são acusadas.

Elas talvez tenham este poder por natureza, mas certamente o adquirem por treinamento e educação, pois quase todas as ocupações das mulheres consistem em gerenciar pequenos, mas múltiplos, detalhes. Sua mente não pode prolongar-se com cada um dos detalhes nem mesmo por um minuto, mas deve passar para a resolução de outras coisas, e se algo exigir um tempo maior para o pensamento, ela deve tirar o tempo dos momentos ociosos para pensar sobre o assunto.

Na realidade, tem-se observado a capacidade que as mulheres apresentam ao formarem seus pensamentos em circunstâncias nas quais quase todo homem daria uma desculpa a si mesmo para não tentar. Embora a mente de uma mulher possa estar ocupada somente com pequenas coisas, ela nunca fica vazia, como acontece com a mente do homem quando ele não está envolvido com a profissão ou ocupação que escolher para sua vida.

A ocupação da vida de uma mulher comum é com as coisas, em geral, e raramente tais coisas deixam de existir do mesmo modo como o mundo continua girando.

Porém, como se diz, existe evidência anatômica da capacidade mental superior dos homens comparada à das mulheres: os homens têm um cérebro maior. Gostaria de responder que, em primeiro lugar, o fato em si é duvidoso. De modo nenhum está estabelecido que o cérebro de uma mulher é menor do que o de um homem.

Tal fato é deduzido simplesmente porque a estrutura do corpo de uma mulher é geralmente menor do que a estrutura do corpo de um homem – e este critério levaria a estranhas consequências.

Um homem alto, com uma grande estrutura óssea deve, deste modo, apresentar uma inteligência incrivelmente superior a um homem baixo, e um elefante ou uma baleia deve prodigiosamente destacar-se da raça humana.

Os anatomistas dizem que o tamanho do cérebro em seres humanos varia muito menos do que o tamanho do corpo ou até mesmo que o da cabeça, sendo que um não pode ser deduzido a partir do outro.

É certo que algumas mulheres possuem um cérebro tão grande quanto o de qualquer homem. Eu conheço a história de um homem que tinha pesado muitos cérebros humanos[8] e disse que o mais pesado que ele conheceu, mais pesado até mesmo do que o de Cuvier (o mais pesado registrado anteriormente) foi o de uma mulher.

Em seguida, devo observar que a relação exata entre o cérebro e

---

(8) Referência a R. Virchow, que publicou um livro sobre o assunto em 1857 (NT).

os poderes intelectuais ainda não é bem entendida, mas está sujeita a grandes discussões. Que existe uma relação muito próxima, nós não podemos duvidar.

O cérebro é certamente o órgão material de pensamento e sentimento; e (fazendo um resumo sobre a grande controvérsia ainda não resolvida, respeitando a adequação das diferentes partes do cérebro às diferentes faculdades mentais) eu admito que seria uma anomalia e uma exceção a tudo que conhecemos sobre leis gerais da vida e da organização se o tamanho do órgão fosse completamente indiferente para a função, se nenhuma aquisição de poder derivasse da magnitude do instrumento. Todavia, a exceção e a anomalia seriam grandes também se o órgão exercesse influência *somente* pelo seu tamanho.

Em todas as operações mais delicadas da natureza – das quais as da criação animada são as mais delicadas, e aquelas do sistema nervoso ainda mais delicadas que estas – as diferenças do efeito dependem, na mesma proporção, das diferenças de qualidade dos agentes físicos assim como de quantidade. Se a qualidade de um instrumento deve ser testada pela precisão e sensibilidade do trabalho que ele pode realizar, as indicações apontam uma média maior de pureza de qualidade no cérebro e no sistema nervoso das mulheres do que no dos homens.

Destacando a diferença abstrata de qualidade, difícil de verificar, sabe-se que a eficiência de um órgão depende não somente de seu tamanho, mas de sua atividade. Sobre isto temos uma medida aproximada de energia com a qual o sangue circula pelo órgão, sendo que o estímulo e a força reparadora dependem principalmente da circulação.

Não seria nenhuma surpresa – já é, de fato, uma hipótese que está de acordo com as diferenças realmente observadas entre as operações mentais de ambos os sexos – a média dos homens ter a vantagem de tamanho do cérebro, e as mulheres terem a vantagem da atividade da circulação cerebral. Os resultados presumidos, encontrados na analogia, nos levam a acreditar nesta diferença de organização, pois eles correspondem a alguns daqueles que geralmente observamos.

Em primeiro lugar, as operações mentais dos homens podem ser mais baixas. Eles não são tão rápidos quanto as mulheres para pensar, nem para sentir. Corpos maiores levam mais tempo para entrar em ação total. Por outro lado, quando totalmente envolvido no trabalho, o cérebro masculino suporta mais trabalho.

O cérebro masculino é mais persistente na primeira linha de conduta adotada: os homens têm mais dificuldade em mudar de um modo de ação para outro; mas, com relação ao que estão fazendo, podem continuar por mais tempo sem perda de força ou sentimento de fadiga.

Não achamos que as coisas nas quais os homens mais superam as mulheres são aquelas que necessitam de mais trabalho árduo e longo esforço num pensamento único, enquanto as mulheres fazem melhor o que deve ser feito rapidamente?

O cérebro de uma mulher fica cansado e exausto mais rapidamente. Mas, considerando o grau de exaustão, achamos que se recupera muito rápido. Repito: esta especulação é totalmente hipotética e pretende somente sugerir uma linha de investigação.

Eu já repudiei a noção da existência desta especulação, embora soubesse com certeza que existe alguma diferença natural na força média ou na direção das capacidades mentais dos dois sexos, muito menor do que esta diferença de tamanho do cérebro.

Não seria possível que isto fosse conhecido, uma vez que as leis psicológicas sobre a formação do caráter foram tão pouco estudadas, mesmo de modo geral, e, neste caso em particular, nunca foram aplicadas cientificamente, considerando que a maior parte das causas externas óbvias da diferença de caráter não são habitualmente levadas em consideração – são desapercebidas pelo observador e desprezadas com um tipo de desrespeito arrogante pelas escolas, em geral, tanto de história natural quanto de filosofia mental. Se estas leis estão procurando ou não pela principal fonte que distingue os seres humanos uns dos outros, quer no mundo da matéria quer no mundo do espírito, elas concordam em criticar aqueles que preferem explicar estas diferenças pelas diferentes relações dos seres humanos na sociedade e na vida.

As noções formadas sobre a natureza feminina são tão ridículas, meras generalizações empíricas sobre os primeiros exemplos apresentados, que a ideia popular sobre tal natureza não é igual em diferentes países, de acordo com as opiniões e circunstâncias sociais que o país ofereceu para as mulheres que lá vivem – e isso se refere a qualquer especialidade de desenvolvimento ou não-desenvolvimento.

Um oriental acha que as mulheres, por natureza, são especialmente voluptuosas – observe o abuso violento das mulheres sob este pretexto nos escritos hindus. Um inglês geralmente acha que as mulheres são frias por natureza. Os provérbios sobre a inconstância feminina são, na maioria das vezes, de origem francesa, do famoso dístico de Francis o Primeiro, antes e depois dele.

Na Inglaterra, há uma observação comum que se faz dizendo como as mulheres são mais constantes do que os homens. A inconstância tem sido considerada como vergonhosa para uma mulher muito mais na Inglaterra do que na França; além disso, as mulheres inglesas estão, em sua natureza mais íntima, muito mais sujeitas à opinião.

A propósito, pode-se observar que os homens ingleses estão em circunstâncias especialmente desfavoráveis para tentar julgar o que é ou não natural, não simplesmente para as mulheres, mas para os homens ou para todos os seres humanos, ainda mais se eles tiverem somente a experiência inglesa para basearem-se: não há nenhum lugar onde a natureza humana mostre tão pouco de suas características originais.

Tanto no bom quanto no mal sentido, os ingleses estão mais distantes de um estado de natureza do que qualquer outro povo moderno. Eles são, mais do que qualquer outro povo, um produto de civilização e disciplina.

A Inglaterra é um país no qual a disciplina social obteve mais sucesso não tanto em conquistar, mas em suprimir o que quer que possa entrar em conflito com tal disciplina.

Os ingleses, mais do que qualquer outro povo, não somente agem, mas realmente sentem de acordo com a regra. Em outros países, a opinião ensinada ou a exigência da sociedade pode ser o poder mais forte, mas os estímulos da natureza individual são sempre visíveis por trás desta opinião e geralmente resistem a ela; a regra pode ser mais forte que a natureza, mas a natureza ainda está lá.

Na Inglaterra, a regra substituiu em grande parte a natureza. Grande parte da vida não segue a tendência sob o controle da regra, mas somente a tendência de obedecer a uma regra. Sem dúvida, isto tem o seu lado bom, embora tenha um lado miseravelmente ruim: provavelmente o inglês, no geral, é mal qualificado para realizar um julgamento sobre as tendências originais da natureza humana a partir da própria experiência. Os erros a que estão sujeitos os observadores em qualquer lugar são de um caráter diferente. Um inglês é ignorante no que diz respeito à natureza humana, um francês é preconceituoso.

Os erros de um inglês são negativos os de um francês são explícitos. Um inglês imagina que as coisas não existam, porque ele nunca as viu; um francês acha que tais coisas devem sempre e necessariamente existir, exatamente porque as vê.

Um inglês não conhece a natureza, porque ele não tem oportunidade de observá-la; um francês geralmente conhece boa parte dela, mas frequentemente se engana com esta natureza, porque ele só conhece o seu lado sofisticado e distorcido. O estado artificial superinduzido pela sociedade esconde as tendências naturais do indivíduo sob observação de duas maneiras diferentes: pela extinção da natureza ou por sua transformação.

No primeiro caso, não existe nada a não ser restos de ansiedade da natureza que permaneceu para ser estudada; no segundo, há muita coisa que deveria ser expandida em qualquer direção, menos para a qual poderia crescer espontaneamente.

Já mencionei que não se pode saber o quanto das diferenças mentais existentes entre homens e mulheres é natural e quanto é artificial; ou se existe alguma diferença natural; ou, ainda, supondo que todas as causas artificiais de diferenças fossem retiradas, qual caráter natural seria revelado.

Eu não quero tentar fazer o que declarei impossível, mas a dúvida proíbe a conjectura, e onde a certeza é inatingível, pode ainda haver um meio de chegar a um certo grau de probabilidade.

O primeiro ponto, a origem das diferenças realmente observadas, é um dos mais acessíveis para especulação. Eu tentarei abordá-lo por meio da única linha de conduta pela qual ele pode ser alcançado: traçando as consequências mentais das influências externas.

Não podemos isolar um ser humano das circunstâncias de suas condições, a fim de determinar experimentalmente o que ele teria sido por natureza. Mas, podemos considerar o que ele é e quais foram suas circunstâncias e se alguém teria sido capaz ou não de produzir outra.

Então, vamos pegar o único caso indicado que a observação proporcionou aparente inferioridade das mulheres em relação aos homens – se aceitarmos a mera inferioridade física, da força corporal.

Nenhuma produção na filosofia, ciência ou arte, classificada em alto nível, foi o trabalho de uma mulher. Existe outro modo de explicar tal fato sem supor que as mulheres são naturalmente incapazes de produzir tais trabalhos?

Em primeiro lugar, podemos questionar se a experiência realmente proporcionou ou não fundamentos suficientes para uma iniciação. Apenas há três gerações as mulheres, salvo raras exceções, começaram a experimentar sua capacidade em filosofia, na ciência ou na arte. Somente na presente geração foi que elas fizeram inúmeras tentativas, e, ainda assim, são extremamente poucas em outros lugares, a não ser na Inglaterra e na França.

É uma questão relevante, se uma mente que possui os requisitos da eminência de primeira ordem na especulação ou na arte criativa poderia, nos simples cálculos das chances, mudar durante este intervalo de tempo, entre as mulheres cujos gostos e posições pessoais permitiam que se devotassem a estas funções.

Em todas as coisas para as quais ainda existe um tempo – em todas, exceto nos graus mais elevados da escala da excelência, especialmente no departamento ao qual elas mais têm se dedicado, a literatura (tanto a prosa quanto a poesia) –, as mulheres têm realizado muito e muitas delas obtiveram grandes prêmios – como era de se esperar, considerando o tempo e o número de competidores. Se voltarmos ao início dos tempos, vemos poucas mulheres que tentaram se destacar e, ainda assim, estas poucas o fizeram com um sucesso diferenciado.

Os gregos sempre consideraram Safo como um de seus maiores poetas. E podemos supor que Mirtes, professora de Pindar e Corina, que por cinco vezes tirou o prêmio de poesia de Safo, deve pelo menos ter tido mérito suficiente para ser comparada com um nome tão importante. Aspásia não deixou nenhum escrito filosófico, mas é um fato conhecido que Sócrates recorreu a ela para receber algumas instruções, sendo que ele mesmo declarou ter feito isto.

Se considerarmos os trabalhos de mulheres nos tempos modernos e o compararmos com os dos homens, tanto na área literária quanto na artística, a inferioridade que se pode observar resume-se essencialmente em uma coisa: é uma inferioridade material, ou seja, deficiência de originalidade. Não deficiência total, pois qualquer produção da mente que é de valor duradouro tem sua originalidade – é um conceito da própria mente, não cópia de outra coisa.

Os pensamentos originais, no sentido de que não são emprestados e derivam das próprias observações dos pensadores ou de processos intelectuais, são abundantes nos trabalhos escritos femininos. Porém, elas ainda não produziram ideias novas e iluminadas que fossem consideradas uma era no pensamento, nem novas concepções na arte que abrissem uma visão de efeitos possíveis e não pensados anteriormente, que pudessem fundar uma nova escola.

Suas composições são na maioria das vezes baseadas em conhecimentos existentes do pensamento, e suas criações não de desviam demasiadamente dos tipos atuais.

Este é o tipo de inferioridade manifestada em seus trabalhos. Deste modo, do ponto de vista da execução, quanto à utilização detalhada do pensamento e à perfeição de estilo, não existe nenhuma inferioridade.

Nossos melhores romancistas, do ponto de vista da composição e da utilização de detalhes, são em sua maioria mulheres. Não há nada em toda a literatura moderna que seja um veículo de pensamento mais eloquente do que o estilo de Madame de Staël, nem uma espécie de pura excelência artística, superior à prosa de Madame Sand, cujo estilo atua sobre o sistema nervoso como uma sinfonia de Haydn ou Mozart. A originalidade elevada da concepção é, como eu já disse, o que realmente importa. Agora, examinaremos se existe alguma maneira pela qual esta deficiência possa ser levada em consideração.

Vamos, então, lembrar, no que se refere ao simples pensamento que durante todo este período de existência no mundo – e durante o progresso de desenvolvimento, no qual novas verdades úteis puderam ser obtidas pela simples força de um gênio, com pouco estudo anterior e acúmulo de conhecimento – as mulheres não se preocuparam com nenhum tipo de reflexão.

Desde os dias de Hipatia até os dias da Reforma, a ilustre Heloísa é praticamente a única mulher que obteve tal realização. E sabemos o quanto de sua enorme capacidade de reflexão pode ter sido perdida pela humanidade devido às infelicidades de sua vida. Desde que um considerável número de mulheres começou a desenvolver um pensamento sério, nunca a originalidade foi facilmente obtida.

Quase todos os pensamentos alcançados pela simples força das aptidões originais foram obtidos há muito tempo. A originalidade, no amplo sentido da palavra, é agora raramente alcançada pelas mentes que passam por uma disciplina elaborada e são profundamente entendidas nos resultados de pensamentos anteriores.

Mr. Maurice, eu acho, tem observado, na época atual, que os pensadores mais originais são aqueles que conhecem totalmente os pensamentos de seus antecessores. Daqui por diante, este sempre será o caso. Uma vez que cada pedra nova do edifício já foi colocada em cima de muitas outras, um longo processo de subida e de transporte de materiais ao topo tem que ser realizado por aqueles que aspiram ter uma parcela no presente estágio de trabalho.

Quantas mulheres passaram por este processo?

Mrs. Somerville, talvez a única entre as mulheres, conhece tudo sobre a matemática necessária para fazer qualquer descoberta nesta área importante. É alguma prova de inferioridade feminina o fato de ela não ser uma entre as duas ou três pessoas que durante sua vida associaram seus nomes com algum avanço magnífico da ciência? Duas mulheres, desde que a economia política se tornou uma ciência, conhecem o suficiente sobre o assunto para escrever sobre ele; de quantos homens, entre os inúmeros que escreveram sobre o assunto durante o mesmo período, é possível dizer mais?

Se nenhuma mulher, até o momento, foi uma grande historiadora, que mulher obteve a cultura necessária? Se nenhuma mulher é uma grande filóloga, qual delas estudou sânscrito e eslavo, o estilo gótico de Ulfila e o estilo pérsico de Zendavesta?

Mesmo nos assuntos práticos, todos nós sabemos o valor da originalidade dos gênios por natureza. Significa inventar novamente, em sua forma rudimentar, algo que já foi inventado e aprimorado por muitos inventores sucessivos.

Quando as mulheres conseguirem atingir a preparação que todos os homens atualmente exigem que seja eminentemente original, haverá tempo suficiente para começar o julgamento da experiência da capacidade feminina em relação à originalidade.

Sem dúvida, frequentemente acontece que uma pessoa, que não estudou amplamente e com exatidão os pensamentos de outras pessoas sobre um assunto, possui uma feliz intuição, por meio de perspicácia natural, que ela pode sugerir, mas não pode provar. Quando tal intuição é amadurecida, ela pode ser uma adição importante ao conhecimento, mas mesmo assim, nenhuma atitude justa pode ser tomada em relação a ela até que outra pessoa, que realmente possua conhecimentos anteriores, tenha tal conhecimento nas mãos, teste-o e dê uma forma científica ou prática, encaixando-o em seu lugar entre as verdades existentes da filosofia ou da ciência.

É uma suposição dizer que tais pensamentos oportunos não ocorram às mulheres?

Toda mulher inteligente tem centenas destes pensamentos. Mas eles se perdem pela falta de um marido ou amigo que tenha conhecimento que possa capacitá-los e estimá-los adequadamente, tornando-os conhecidos pelo mundo. Mesmo quando tais pensamentos se tornam conhecidos pelo mundo, eles geralmente aparecem como ideias do homem, não de sua autoria real.

Quem pode dizer quantos dos pensamentos mais originais afirmados por escritores masculinos pertencem a uma mulher, que os sugeriu e eles somente verificaram e colocaram em prática?

Eu posso julgar pelo meu caso uma grande parte deles na realidade.

Se considerarmos este fato partindo da pura reflexão para a literatura, no sentido restrito do termo, e para as belas artes, existe uma razão óbvia porque a literatura feminina é, em sua concepção geral e em suas características principais, uma imitação da literatura masculina.

Por que a literatura romana não é original, como os críticos demasiadamente declaram, mas uma imitação da literatura grega? Simplesmente porque os gregos vieram primeiro.

Se as mulheres vivessem em um país diferente dos homens e nunca tivessem lido seus trabalhos escritos, elas teriam a própria literatura.

Do modo como é, elas não criaram uma literatura porque encontraram uma altamente desenvolvida que já tinha sido criada.

Se não houvesse nenhuma interrupção do conhecimento da antiguidade, ou se a Renascença tivesse acontecido antes da construção das catedrais góticas, elas nunca teriam sido construídas.

Podemos observar que, na França e na Itália, a imitação da literatura antiga interrompeu o desenvolvimento original, mesmo depois que ele já tinha se iniciado.

Todas as mulheres que escrevem são alunas de grandes escritores masculinos.

Os primeiros quadros de um pintor, mesmo que ele venha a ser um Raffaele, são indistinguíveis em estilo dos quadros de seu mestre. Até mesmo um Mozart não exibe sua poderosa originalidade em seus primeiros trabalhos. Na mesma proporção de anos necessários para um indivíduo talentoso desenvolver seu trabalho, são as gerações para uma grande quantidade de pessoas.

Se a literatura feminina está destinada a ter um caráter coletivo diferente daquele da literatura masculina, dependendo de qualquer diferença das tendências naturais, será necessário muito mais tempo do que já se passou antes que tal literatura possa emancipar-se da influência dos modelos aceitos e guiar-se pelos próprios impulsos.

Porém, se, como eu acredito, não existe prova considerada da tendência natural comum às mulheres que possa diferenciar sua genialidade da dos homens, cada escritora entre elas possui suas tendências individuais, que no momento presente ainda estão sujeitas à influência de antecedentes e exemplos, e mais gerações serão necessárias antes que a individualidade feminina esteja suficientemente desenvolvida para avançar contra tal influência.

É nas belas artes, propriamente dita, que a evidência *prima facie* dos poderes originais inferiores nas mulheres aparece, à primeira vista, como mais forte, uma vez que a opinião (pode-se assim dizer) não as exclui desta área, mas sim as encoraja e a sua educação em vez de passar por cima deste departamento, é nas classes afluentes, principalmente composta de belas artes.

Contudo, nesta linha de exercício, elas ainda não alcançaram seu objetivo, como em muitas outras, de fama mais elevada atingida pelos homens.

Esta insuficiência, porém, não precisa de outra explicação a não ser a do fato familiar, mais universalmente verdadeira nas belas artes do que em qualquer outra coisa: a ampla superioridade de profissionais sobre amadores.

As mulheres nas classes sociais eruditas são quase universalmente ensinadas em uma área ou outras das belas artes, mas não a ponto de sobreviverem de seu trabalho ou ganharem importância social com ele. As artistas femininas são todas amadoras.

As exceções são somente aquelas que confirmam a verdade geral.

As mulheres aprendem música, mas não com o propósito de compor, somente para tocar; e, desta forma, somente como compositores é que os homens, na música, são superiores às mulheres.

A arte dramática é a única área das belas artes que as mulheres não seguem, até certo ponto, como uma profissão ou ocupação na vida; e nesta área, elas são reconhecidamente iguais, se não superiores, aos homens.

Para fazer uma comparação justa, esta deveria ser feita entre as produções das mulheres em qualquer área das artes e as produções feitas por homens que não seguem esta área como uma profissão.

Na composição musical, por exemplo, as mulheres certamente

têm produzido um material tão bom quanto aquele que já foi produzido por amadores do sexo masculino.

Atualmente, existem poucas mulheres, realmente pouquíssimas, que praticam a pintura como uma profissão, e estas já estão começando a mostrar o talento que já era esperado.

Mesmo os pintores masculinos (com o devido respeito ao Mr. Ruskin) não fizeram nada notável nos últimos séculos, e levará um bom tempo até que o façam. A razão pela qual os pintores antigos eram tão superiores aos modernos, é que uma classe muito maior de homens se aplicava às artes. Nos séculos quatorze e quinze, os pintores italianos eram os homens mais realizados de sua época.

Os maiores entre eles eram homens de aquisições enciclopédicas e poderes como os grandes homens da Grécia. Mas, na época deles, as belas artes estavam nos sentimentos e nas concepções dos homens, entre as maiores coisas nas quais um ser humano poderia destacar-se; por meio delas, os homens se tornavam companheiros dos soberanos, iguais à mais alta nobreza, o que atualmente só acontece na área política ou militar.

Na época atual, os homens de capacidade semelhante encontram algo mais importante para fazer em favor da própria fama e dos costumes do mundo moderno do que a pintura. É somente de vez em quando que um Reynolds ou um Turner (sobre cuja classificação relativa entre os homens eminentes, não darei nenhuma opinião) se dedica à área de belas artes.

A música pertence a uma ordem diferente das coisas: não requer os mesmos poderes gerais da mente, mas parece depender mais de uma dádiva natural. Pode-se considerar surpreendente o fato de que nenhum grande compositor musical tenha sido uma mulher.

Mas até mesmo esta dádiva natural, que possibilita grandes criações, requer estudo e devoção profissional ao assunto.

Os únicos países que têm produzido compositores de primeira linha, mesmo do sexo masculino são Alemanha e Itália – países nos quais, tanto do ponto de vista do aprimoramento especial quanto do geral, as mulheres permanecem bem atrás da França e da Inglaterra, sendo muito pouco educadas e quase nunca desenvolvendo qualquer aptidão mais elevada da mente.

E, naqueles países, os homens familiarizados com os princípios da composição musical podem ser contados às centenas, ou, mais provavelmente, aos milhares, e as mulheres mal podem ser contadas. Portanto, novamente baseados na doutrina em geral, não podemos razoavelmente esperar encontrar mais de uma mulher eminente entre cinquenta homens eminentes. Os últimos três séculos não produziram cinquenta compositores masculinos eminentes nem na Alemanha, nem na Itália.

Existem outras razões, além daquelas que já foram citadas, que ajudam a explicar a razão pela qual as mulheres permanecem atrás dos homens, mesmo nos assuntos que são abertos a ambos: poucas mulheres têm tempo para si mesmas.

Isto parece ser um paradoxo; é um fato social, sem dúvida.

O tempo e os pensamentos de toda mulher devem atender à grande demanda das coisas práticas. Primeiramente, a superintendência da família e dos gastos domésticos, que ocupa pelo menos uma mulher em cada família – geralmente a mais velha e mais experiente, a menos que a família seja tão rica que possa contratar uma agência para delegar tais tarefas e submeter-se aos gastos e malversação inseparáveis deste modo de conduzir a administração do lar.

A superintendência do lar e de suas atividades, mesmo quando não estiver relacionada aos outros aspectos trabalhosos, é extremamente onerosa para os pensamentos; requer vigilância incessante sem deixar escapar nenhum detalhe e apresenta questões que devem ser consideradas e resolvidas, previstas e imprevistas, a qualquer hora do dia, sendo que a pessoa responsável por tais tarefas não consegue livrar-se delas nem por um minuto.

Se uma mulher pertence a uma classe social que pode liberá-la de tais afazeres, ela ainda tem como obrigação o controle do relacionamento da família com outras pessoas – ou seja, com o que chamamos de sociedade –, e, por menos que as obrigações citadas anteriormente exijam dela, a primeira é sempre o desenvolvimento desta última: jantares, concertos, festas, visitas matinais, envio de cartas e tudo o que está envolvido nestas tarefas.

Tudo isto está acima da obrigação cativante que a sociedade impõe exclusivamente para as mulheres: a de ficarem encantadoras.

Uma mulher inteligente pertencente às classes sociais mais elevadas encontra uma utilização de seus talentos no aprimoramento da elegância de seus modos e na arte da conversação.

Observando somente o lado externo do assunto: o grande e contínuo exercício do pensamento, que todas as mulheres que valorizam o modo de vestir-se bem (eu não quero dizer dispendiosamente, mas com gosto e percepção das convenções sociais naturais e artificiais) e devem desenvolver as próprias vestimentas e talvez as de suas filhas; o tempo que este exercício toma para atingir resultados respeitáveis interfere nos estudos da arte, da ciência, ou da literatura, e realmente ocupa grande parte de seu tempo e poder mental[9].

Se fosse possível que todas estas pequenas práticas e pequenos interesses (que são tão importantes para as mulheres) permitissem que elas tivessem muito lazer ou muita energia e liberdade de mente para dedicarem-se à arte e à reflexão, elas certamente teriam muito mais originalidade nas aptidões ativas do que a grande maioria dos homens.

Mas, isto não é tudo. Independente de todas as obrigações regulares da vida que estão sob a responsabilidade da mulher, espera-se que ela sempre tenha tempo e aptidão à disposição de todos.

Se um homem não tem uma profissão para excluí-lo de tais obrigações, mas ainda tem uma função, ele não irá ofender ninguém dedicando seu tempo para tal função. A ocupação é aceita como uma desculpa válida para que ele não atenda a qualquer obrigação casual que lhe possa ser imposta. As ocupações de uma mulher, especialmente aquelas voluntárias, escolhidas por ela, são consideradas como desculpa para que ela esteja isenta das obrigações impostas pela sociedade? Dificilmente, suas obrigações mais necessárias e reconhecidas são consideradas como exceção.

É necessário ter alguém doente na família, ou algo fora da rotina diária, para que ela tenha autorização para dar preferência à própria ocupação em vez de entreter outras pessoas.

Ela sempre deve estar à disposição de alguém, geralmente de todos. Se ela tem uma preocupação ou uma função, deve separar um curto intervalo que possa acidentalmente ocorrer para dedicar-se a elas. Uma mulher ilustre, em um trabalho que eu espero que seja pu-

---

(9) "Parece ser o mesmo direito de mudança de opinião que possibilita o homem a adquirir a verdade, ou a ideia justa do que é certo, nos ornamentos, como nos princípios mais estáveis da arte. Ainda possui o mesmo centro de perfeição, embora seja o centro de um círculo menor. Para ilustrar tal fato pela moda, na qual se permite o bom e o mau gosto. As partes de uma vestimenta estão continuamente mudando de grande para pequeno, de curto para longo; mas a forma geral ainda permanece; ainda é o mesmo vestido original que servirá de comparação, embora com uma leve criação: é nisso que se baseia a moda. Aquele que inventa com maior sucesso, ou que se veste com o melhor gosto, provavelmente, descobriria a habilidade igual, a partir da mesma perspicácia utilizada para propósitos maiores, ou formaria o mesmo gosto correto nos trabalhos mais elevados arte". *Discursos de Sir Joshua Reynold, Discurso VII.*

blicado algum dia, observa de fato que tudo o que uma mulher faz é feito durante as horas ociosas.

Seria, então, de se admirar que ela não consiga atingir a mais alta eminência nas coisas que requerem atenção contínua e concentração nos principais interesses da vida? Assim é a filosofia e, acima de tudo, a arte, nas quais, além da devoção de pensamento e sentimento, a mão também deve ser mantida em constante exercício para atingir-se grande habilidade.

Há outra consideração que deve ser adicionada a todas estas. Nas várias ocupações intelectuais e artísticas, há um grau de proficiência que deve ser suficiente para que se possa viver delas, e há um grau mais elevado do qual dependem as grandes produções que imortalizam um nome.

A fim de obter o primeiro grau, existem razões no caso de todos os que seguem a função profissionalmente; o outro grau quase nunca é alcançado, caso não haja ou nunca tenha havido em algum período da vida um desejo ardente em se tornar uma celebridade.

Nada menos do que este desejo é geralmente um estímulo suficiente para passar por um longo e paciente trabalho que, até mesmo no caso dos maiores talentos naturais, é absolutamente exigido para grande eminência em funções nas quais já possuímos tantos memoriais esplêndidos de gênios dos mais elevados níveis.

Agora, não importa se a causa é natural ou artificial, as mulheres raramente possuem este desejo pela fama. A ambição feminina geralmente está confinada dentro de limites mais restritos. A influência que elas buscam é sobre aqueles que estão mais próximos dela. Seu desejo é de ser querida, amada ou admirada por aqueles a quem ela conhece. A proficiência no conhecimento, nas artes e realizações, que é suficiente para isso, quase sempre as contenta.

Este é um traço de caráter que não pode ser desconsiderado no julgamento das mulheres como elas são, embora eu realmente não acredite que isto lhes seja inerente. É somente o resultado natural das circunstâncias em que elas vivem e foram criadas.

O amor pela fama nos homens é encorajado pela educação e pela opinião; 'desprezar os prazeres e viver dias trabalhosos' são atos considerados para o seu próprio bem, como parte de 'mentes nobres', mesmo que afirmados como sua 'última fraqueza' e estimulados pelo acesso que a fama proporciona a todos os objetos de ambição, incluindo, até mesmo, o favor das mulheres, Para as próprias mulheres, entretanto, todos estes objetos são fechados e o desejo pela fama é considerado como ousado e não feminino.

Além disso, como os interesses de uma mulher não estariam concentrados sobre as impressões causadas àqueles que estão próximos dela na sua vida diária, quando a sociedade determinou que todas as suas obrigações devem estar relacionadas a eles e que todos os confortos deles dependem dela?

O desejo natural em ter consideração de nossos amigos é tão forte na mulher quanto no homem. Porém, a sociedade determinou que a consideração pública é, em todos os casos comuns, obtida pela mulher por meio da consideração de seu marido e de seus relacionamentos com o sexo masculino, enquanto sua consideração particular está restrita ao fato de tornar-se proeminente como indivíduo ou de aparecer em outro caráter que não o de complemento aos homens.

Qualquer pessoa que tenha a menor capacidade de estimar a influência da posição doméstica e social sobre a mente e sobre os hábitos de vida, deve facilmente reconhecer, em tal influência, a explicação completa sobre quase todas as diferenças aparentes entre mulheres e homens, incluindo todas aquelas que implicam em qualquer inferioridade.

No que diz respeito às diferenças morais, consideradas como intelectuais, a diferença geralmente apontada é com relação às vantagens das mulheres: elas são consideradas melhores do que os homens. Um elogio vazio, que deve provocar um sorriso amargo em toda mulher espirituosa, uma vez que não existe nenhuma outra situação na vida em que a ordem estabelecida e considerada como natural e adequada seja a de que os melhores devem obedecer aos piores. Se esta conversa inútil servir para alguma coisa, é somente para que os homens admitam a influência adulterada do poder; certamente é a única verdade que o fato, se for considerada como fato, pode ser provada ou ilustrada.

Realmente é verdade que a servidão, exceto quando brutalizada e embora corrompendo a ambos, é menor para os escravos do que para os senhores de escravos. É muito melhor que a natureza moral seja reprimida, mesmo pelo poder arbitrário, do que se permitir que o tal poder seja exercido sem restrições.

As mulheres, como dizem, raramente são enquadradas na lei penal e contribuem com um número muito menor de infratores na lista de criminosos do que os homens.

Duvido que não se possa dizer a mesma coisa, com a mesma verdade, dos escravos negros. Aqueles que estão sob o controle de outras pessoas geralmente não podem cometer crimes, a não ser pelo comando e para os propósitos de seus senhores.

Eu não conheço um exemplo mais significativo de cegueira a qual o mundo, incluindo os estudiosos, ignora, passando por cima de todas as influências e circunstâncias sociais, do que sua depreciação e elogios tolos à natureza intelectual e moral das mulheres.

A opinião lisonjeira sobre a bondade moral superior das mulheres pode ser comparada com a opinião depreciativa no que diz respeito à sua grande sujeição aos preconceitos morais.

Ouvimos dizer que as mulheres não são capazes de resistir às suas parcialidades pessoais; o julgamento delas em assuntos graves é distorcido por suas simpatias e antipatias.

Assumindo-se tal fato como verdadeiro, ainda deve-se provar que as mulheres são mais frequentemente enganadas por seus sentimentos pessoais do que os homens por seus interesses pessoais.

A diferença principal seria, neste caso, que os homens são guiados pela direção das obrigações e pelo interesse público, pela consideração com eles próprios, e as mulheres (não tendo permissão de ter interesses particulares) são guiadas pela consideração por outras pessoas. Também se deve considerar que toda a educação que as mulheres recebem da sociedade incute nelas o sentimento de que os indivíduos ligados a elas são os únicos com quem elas têm qualquer obrigação – os únicos com quem ela deve se preocupar. No que se refere à educação, elas desconhecem quaisquer ideias elementares que são pressupostas em qualquer consideração inteligente para maiores interesses ou propósitos morais mais elevados.

A queixa contra as mulheres reduz-se simplesmente ao fato de que elas realizem com fidelidade a única obrigação que têm permissão para praticar.

As concessões dos privilegiados para os não privilegiados acontecem tão raramente por qualquer razão, melhor do que o poder dos não privilegiados em obtê-las à força, que quaisquer argumentos contra a prerrogativa do sexo são provavelmente pouco considerados pela generalidade, contanto que os homens sejam capazes de dizer para si mesmos que as mulheres não se queixam de tal poder.

Este fato certamente torna os homens capazes de reter o privilégio injusto por um período maior, mas não o torna menos injusto.

Exatamente a mesma coisa pode ser dita sobre as mulheres no harém de um oriental: elas não se queixam de não ter a liberdade que as mulheres europeias têm. Elas acham nossas mulheres intoleravelmente audaciosas e não femininas.

Até mesmo os homens raramente reclamam da ordem geral da sociedade – e mais raras ainda seriam as reclamações se eles não soubessem que existe uma ordem diferente em outros lugares.

As mulheres não reclamam de sua condição geral. Ou o fazem por elegias melancólicas sobre o assunto, muito comuns nos trabalhos literários femininos e eram ainda mais, uma vez que as lamentações não podiam ter nenhum propósito prático. Suas reclamações são como as que os homens fazem sobre a insatisfação geral da vida humana: não querem culpar ninguém ou exigir mudanças.

Mas, embora as mulheres não reclamem do poder dos maridos, cada uma se queixa de seu próprio marido ou dos maridos de suas amigas. Acontece o mesmo em todos os outros casos de servidão, pelo menos no início do movimento emancipador.

Os servos não reclamavam do poder de seus senhores, mas somente de sua tirania. A Câmara dos Comuns primeiramente reclamou alguns privilégios municipais; depois, eles pediram para si isenção dos impostos que eles não autorizavam. Mas eles achariam uma grande presunção, naquela época, reclamar qualquer participação na autoridade soberana do rei.

O caso das mulheres não é o único caso no qual rebelar-se contra as regras estabelecidas ainda é visto com os mesmos olhos que a reclamação de um indivíduo ao direito de rebelar-se contra seu rei.

Uma mulher que participa de qualquer movimento desaprovado por seu marido transforma-se em mártir, sem nem mesmo ter sido um apóstolo, pois o marido pode legalmente interromper o apostolado dela.

Não se pode esperar que as mulheres se devotem à própria emancipação, até que um número considerável de homens esteja preparado para juntar-se a elas neste compromisso.

Capítulo IV

Ainda existe uma questão, não de menor importância do que aquelas anteriormente discutidas, que será inoportunamente perguntada por aqueles oponentes cuja convicção sobre o ponto principal ainda estiver um pouco estremecida.

Quais benefícios podemos esperar das mudanças propostas em nossos costumes e em nossas instituições?

A humanidade seria melhor se as mulheres fossem livres? Caso contrário, quem está perturbando suas mentes e tentando fazer uma revolução social em nome de um direito abstrato?

É quase inesperado que a questão seja feita com relação à mudança proposta nas condições das mulheres no casamento.

Os sofrimentos, as imoralidades, os males de todos os tipos, causados em inúmeros casos de sujeição da mulher ao homem, são muito terríveis para serem esquecidos.

As pessoas irracionais ou maliciosas, considerando somente casos extremos ou que se tornam públicos, podem dizer que as perversidades são excepcionais; mas ninguém pode deixar de notar que elas existem nem, em muitos casos, de observar sua intensidade. Portanto, é perfeitamente óbvio que o abuso do poder não pode ser verificado muito bem enquanto tal poder permanecer.

É um poder proporcionado ou oferecido não somente para os homens bons ou respeitáveis, mas para todos os homens – para os mais brutos e para os mais imorais.

Não existe nenhuma prova além da opinião, e tais homens não estão geralmente dentro dos limites de nenhuma opinião, a não ser de homens iguais a eles. Se estes homens não utilizassem a tirania de modo brutal sobre o ser humano a quem a lei obriga suportar todas as coisas feitas por eles, a sociedade certamente já teria alcançado um estado paradisíaco. Não haveria mais a necessidade de leis para reprimir as tendências violentas dos homens.

Astreia não só teria retornado à Terra, mas também teria transformado em seu templo o coração do pior homem.

A lei da servidão no casamento é uma contradição monstruosa a todos os princípios do mundo moderno e a toda experiência pela qual estes princípios foram lenta e dolorosamente adquiridos. Este é o único caso, agora que a escravidão negra foi abolida, no qual um ser humano na plenitude de todas as suas faculdades é entregue às clemências instáveis de outro ser humano, na real esperança de que este outro somente usará seu poder para o bem da pessoa sujeita a ele.

O casamento é o único cativeiro admitido pela nossa lei. Não existem escravos legais, exceto a dona de casa em cada lar.

Portanto, não será nesta parte do assunto que se deve perguntar: *Cui bono*? Nos disseram que o mal venceria o bem, mas a realidade do bem não aceita disputas.

Contudo, em relação às principais questões – ou seja, a eliminação das incapacidades femininas, seu reconhecimento como ser igual ao homem em tudo o que se refere à cidadania, a oferta de empregos respeitáveis para elas e de treinamento e educação que as qualifique para tais empregos –, existem muitas pessoas para as quais não é suficiente que a desigualdade não tenha uma defesa justa ou legítima: elas exigem que lhes seja dito que vantagem expressa seria obtida abolindo-se tal desigualdade.

Primeiramente, deixe-me responder esta questão: a vantagem de ter a mais universal e duradoura de todas as relações humanas regularizadas pela justiça e não pela injustiça.

É quase impossível obter este enorme ganho para a natureza humana por meio de qualquer explicação ou ilustração, pelo exame sob uma luz mais forte do que é colocada por afirmações restritas para qualquer pessoa que se prende ao significado moral das palavras. Todas as tendências egoístas, a egolatria, a autopreferência injusta, que existem entre a raça humana têm sua fonte e raiz na presente constituição da relação entre homens e mulheres.

Pense no que significa para um garoto crescer acreditando que, mesmo sem nenhum mérito ou exercício próprio, embora ele possa ser o mais frívolo e vazio ou o mais ignorante e apático dos homens, pelo simples fato de ter nascido homem, ele é por direito superior a todas as pessoas que fazem parte de metade da raça humana – incluindo, provavelmente, alguns que sentem diariamente ou a todo instante a superioridade sobre ele mesmo. Este garoto, mesmo se em sua conduta geral, habitualmente segue a liderança de uma mulher, e, mesmo que ele seja tolo, ela acha que não é e nem poderá ser igual a ele em habilidade e julgamento. E, se ele não for um tolo, ele faz pior: observa que ela é superior a ele e acredita que, não prejudicando a superioridade dela, tem direito de comandar e ela deve obedecer.

Qual será o efeito desta lição sobre o caráter dele?

Os homens das classes sociais desenvolvidas frequentemente não têm consciência da profundidade desta lição na grande maioria das mentes masculinas. Pois, entre as pessoas bem-educadas e de sentimento justos, a desigualdade é mantida fora da vista o mais que possível – acima de tudo, fora da vista das crianças.

Os meninos devem obedecer tanto às suas mães quanto ao seu pai; eles não têm permissão para oprimir suas irmãs, e nem estão acostumados a vê-las sujeitas a eles, pelo contrário; as compensações do sentimento de cavalheirismo tornam-se proeminentes, enquanto a servidão que lhes é exigida mantém-se como pano de fundo.

Portanto, os jovens bem-educados nas classes sociais mais elevadas frequentemente escapam das más influências da situação em sua infância, e somente as experimentam quando atingem a masculinidade e começam a conhecer os fatos como eles realmente são.

Tais pessoas têm pouca consciência de que, mesmo quando um menino é educado de modo diferente, sua mente rapidamente absorve a noção de sua superioridade inerente em relação a uma menina. Também não se sabe como esta noção se desenvolve com o crescimento deste menino e como ela se fortalece com a força dele; como tal noção é passada por um estudante a outro; com que rapidez o jovem se considera superior à sua mãe, devendo-lhe talvez obediência, mas não o respeito verdadeiro; e quão sublime é o sentimento de superioridade que ele tem, acima de tudo, como se fosse um sultão, sobre a mulher a quem ele honra por aceitá-la com parceira de sua vida.

Pode-se imaginar que tudo isso não desvirtue o modo geral de existência do homem, tanto como indivíduo quanto como ser social?

É um paralelo exato ao sentimento de um rei hereditário, o qual é superior sobre todos os outros pelo fato de ter nascido rei, ou um nobre, por ter nascido nobre.

A relação entre marido e esposa é muito parecida com aquela entre o senhor e o escravo, exceto que a esposa seja mantida sob uma obediência menos limitada do que a do escravo.

Embora o caráter do escravo possa ter sido influenciado, para melhor ou para pior, por sua subordinação, quem poderia evitar perceber que o caráter do senhor era grandemente influenciado para o pior?

Se ele era levado a acreditar que seus escravos realmente eram superiores a ele ou a sentir que ele comandava pessoas tão boas quanto ele mesmo, não pelos próprios méritos nem pelo próprio trabalho, mas simplesmente por ter nascido como Fígaro diz[10].

A egolatria do monarca, ou do superior feudal, é igual à egolatria de todos os homens. Os seres humanos crescem desde a infância sem o conhecimento das diferenças injustas, sem gabar-se do direito sobre elas. Aqueles que não adquirem privilégios pelos próprios méritos e sentem-se em desconformidade para recebê-los, inspirados por uma humildade adicional, são sempre poucos e os melhores.

Os outros são inspirados pelo orgulho, e pelo pior tipo de orgulho: aquele que valoriza as vantagens ocasionais, não as alcançadas.

Quando o sentimento de ser superior sobre a totalidade do outro sexo é combinado com a autoridade pessoal sobre um indivíduo do grupo, a situação, enquanto atua como uma escola de paciência consciente e benévola para aqueles cujos pontos mais fortes de caráter são a consciência e a afeição, é para os homens de outra qualidade uma Academia ou um Liceu, regularmente constituído para treiná-los em sua arrogância e autoridade, cujos vícios, por um lado, são controlados pela convicção de resistência em suas relações com outros homens – seus iguais –, e, por outro lado, manifestam-se com todos aqueles que são obrigados a tolerá-los. Assim, eles frequentemente vingam nas esposas infelizes as limitações involuntárias a que estão submetidos em todos os outros lugares.

O exemplo proporcionado e a educação oferecida aos sentimentos, pelo estabelecimento do alicerce da existência doméstica sobre

---

(10) Citação do livro O casamento de Fígaro de Beaumarchais (NT).

um relacionamento contraditório aos primeiros princípios de justiça social, devem, a partir da própria natureza do homem, ter uma influência deturpada tão importante que é quase impossível em nossa experiência atual imaginar a concepção de tamanha mudança para o melhor, como aconteceria se tal desigualdade fosse eliminada.

Tudo o que a educação e a civilização estão fazendo para abolir as influências da lei do poder e substituí-las pela lei da justiça permanece simplesmente superficial, uma vez que a fortaleza do inimigo não é atacada.

O princípio do movimento moderno na moral e na política é que a conduta, e somente a conduta, dá direito ao respeito; ou seja, não é o que os homens são, mas o que eles fazem, que constitui sua reivindicação por respeito. E, acima de tudo, o mérito, e não o nascimento, é a única reivindicação legítima de poder e autoridade.

Se nenhuma autoridade, nem em estado temporário, fosse exercida por um ser humano sobre o outro, a sociedade não estaria ocupada em estabelecer tendências de um lado e reprimi-las de outro.

A criança realmente seria, pela primeira vez na existência do homem na Terra, educada da maneira como ela deveria agir durante sua vida; e, quando ela ficasse mais velha, haveria uma chance de não se afastar desta educação.

Mas, enquanto o direito do mais forte de exercer seu poder sobre os mais fracos dominar o coração da sociedade, a tentativa de tornar o direito de igualdade dos mais fracos o princípio de ações visíveis será sempre uma árdua batalha, pois a lei da justiça, que também é a do cristianismo, nunca terá a posse dos sentimentos íntimos dos homens. E os homens estarão trabalhando contra esta lei, mesmo quando forem submetidos a ela.

O segundo benefício que se pode esperar ao conceder às mulheres o livre uso de suas aptidões, deixando-as a livre escolha de seus empregos e oferecendo-lhes o mesmo campo de ocupação e os mesmos privilégios e estímulos que são oferecidos aos outros seres humanos, seria dobrar a quantidade de faculdades mentais disponíveis para o serviço mais elevado da humanidade.

Onde existe agora uma pessoa qualificada para beneficiar o ser humano e promover o aprimoramento geral, como um professor público ou um administrador de algum órgão público ou de assuntos sociais, haveria, então, dois.

A superioridade mental de qualquer tipo está, no momento, em algum lugar muito abaixo da obrigação; existe uma enorme falta de pessoas competentes para realizar de modo excelente qualquer coisa que exija habilidade considerável. A perda para o mundo, proveniente da recusa de utilizar metade da quantidade total de talento, é extremamente séria.

É verdade que esta quantidade de poder mental não é totalmente desperdiçada. Grande parte deste poder é utilizada na administração doméstica e em outras poucas ocupações oferecidas para as mulheres. O benefício indireto restante é, em muitos casos, obtido pela influência pessoal de cada mulher sobre cada homem.

Porém, estes benefícios são parciais e sua abrangência é extremamente limitada; e se, por um lado, eles devem ser considerados uma redução na quantidade de um novo poder social, adquirido pela concessão de liberdade para a metade da quantia total de inteligência humana, por outro lado, eles devem ser adicionados ao benefício do estímulo que seria concedido à inteligência dos homens por meio da competição – ou (para usar uma expressão mais verdadeira) por meio da necessidade, que seria imposta a eles, de merecer precedência antes que eles esperassem obtê-la.

Esta grande ascensão das mulheres ao poder intelectual da espécie e à quantidade de inteligência disponível para a boa administração de seus assuntos seria obtida, parcialmente, por meio da melhor e mais completa educação intelectual, e iriam, então, aprimorar-se *pari passu* (simultaneamente) com a dos homens. As mulheres em geral seriam igualmente capazes de entender os negócios, os assuntos públicos e os mais elevados temas de reflexões, em conjunto com os homens da mesma classe social; assim, os poucos selecionados de um sexo, assim como os do outro sexo, que fossem qualificados não somente para compreender o que é feito ou pensado por outras pessoas, mas para pensar ou fazer algo considerável, encontrariam as mesmas facilidades de aprimoramento e treinamento de suas capacidades.

Desta forma, a amplitude da esfera de ação das mulheres iria produzir bons efeitos, pela elevação de sua educação ao nível da educação masculina, fazendo com que um participasse de todos os aprimoramentos feitos pelo outro. Mas, independentemente deste fato, o simples rompimento da barreira teria um mérito educacional do mais alto valor.

O mero fato de livrar-se da ideia de que todos os assuntos mais abrangentes de pensamento e ação e de que todas as coisas que são de interesse geral e não unicamente de interesse privado são assuntos de homens, dos quais as mulheres devem ser excluídas – explicitamente proibidas de participar na maioria deles e insensivelmente toleradas nos poucos que lhes são permitidos –; o mero conhecimento que uma mulher iria adquirir sendo um ser humano como qualquer outro, com direito de escolher suas atividades, instigadas ou solicitadas pelos mesmos motivos que outras pessoas têm de interessar-se pelo que é interessante para todos os seres humanos, com direito a exercer a mesma influência sobre todos os assuntos da humanidade que fazem parte de uma opinião individual, mesmo que ela tenha ou não uma participação real nestes assuntos – tudo isso traria uma enorme expansão das aptidões femininas, assim como a ampliação dos limites de seus sentimentos morais.

Além do aumento da quantidade de talentos individuais disponíveis para administrar os assuntos da humanidade – que certamente não são proporcionados em abundância atualmente, uma vez que se pode dispensar a opinião das mulheres – haveria, então, uma influência mais benéfica em vez de uma influência numerosa sobre as crenças e sentimentos gerais da raça humana.

Eu digo uma influência mais benéfica do que numerosa, pois a influência feminina sobre a opinião geral sempre foi, pelo menos no período mais recente, muito importante. A influência das mães sobre o caráter inicial de seus filhos e o desejo dos jovens do sexo masculino de receber conselhos de mulheres jovens têm sido, todas as vezes que foram registrados, instrumentos importantes na formação do caráter e têm determinado alguns dos principais passos no progresso da civilização.

A influência moral das mulheres tem dois modos de atuação. O primeiro é uma influência apaziguadora: aquelas que estavam mais sujeitas a serem vítimas da violência, naturalmente começaram a limitar o quanto fosse possível a esfera de tal violência e a mitigar seus excessos. As mulheres, que não foram ensinadas a lutar, começaram naturalmente a ser a favor de qualquer outro modo para resolver diferenças do que o uso de lutas.

Em geral, aquelas que mais sofrem com a indulgência da paixão egoísta são defensoras fervorosas de qualquer lei moral que ofereça um meio de conter tal paixão. As mulheres foram instrumentos poderosos para induzir os conquistadores setentrionais a adotarem o credo do cristianismo, um credo tão mais favorável às mulheres do que qualquer outro que o tenha antecedido.

Pode-se dizer que a conversão dos anglo-saxões e dos franciscanos começou com as esposas de Ethelbert e Clovis.

O outro modo pelo qual a opinião das mulheres foi notável é o poderoso estímulo que elas deram às qualidades nas quais os homens não tinham sido treinados e que precisavam encontrar em suas protetoras. A coragem e as virtudes militares em geral têm sido em todas as épocas grandemente admiradas pelas mulheres.

Tal estímulo vai além desta classe de qualidades eminentes: por um efeito muito natural de sua posição, o melhor passaporte para a admiração e a favor das mulheres sempre foi altamente considerado pelos homens.

Da combinação dos dois tipos de influência moral exercidas pelas mulheres surgiu o espírito de cavalheirismo. A peculiaridade desta combinação tem como objetivo combinar os padrões mais elevados das qualidades guerreiras com o desenvolvimento de uma classe de virtudes totalmente diferente – a gentileza, a generosidade, a autoabnegação em relação às classes indefesas e não militares e a submissão e adoração especiais para com as mulheres, diferenciadas das outras classes sociais indefesas pelo poder de recompensa que elas tinham, voluntariamente concedida àqueles que se esforçavam para ganhar seu favor, e não obtinham violentamente sua sujeição.

Embora a prática do cavalheirismo infelizmente não tenha correspondido bem ao seu padrão teórico, como geralmente a prática segue a teoria, ele permaneceu um dos monumentos mais preciosos da história moral de nossa raça. Trata-se de um exemplo marcante de uma tentativa planejada e organizada desta sociedade desorganizada e distraída de criar e colocar em prática um ideal moral muito mais elevado do que suas condições e instituições sociais – tão elevado que foi inútil para seu propósito principal, embora nunca tenha sido totalmente eficaz e que deixou a impressão mais sensível e principalmente mais valiosa sobre as ideias e os sentimentos de todas as épocas subsequentes.

O ideal do cavalheirismo é o ápice da influência dos sentimentos femininos sobre o aprimoramento moral da humanidade. Se as mulheres tiverem que permanecer em sua situação de subordinação, seria realmente lamentável que o padrão do cavalheirismo fosse extinguido, pois é o único totalmente capaz de mitigar as influências desmoralizadoras da posição de subordinação.

Porém, as mudanças no estado geral da espécie inevitavelmente causaram a substituição de um ideal completamente diferente de moralidade para um ideal de cavalheirismo.

O cavalheirismo foi a tentativa de introduzir elementos morais em um estado da sociedade no qual todas as coisas dependiam da habilidade individual, tanto para o bem quanto para o mal, e estavam sob as influências apaziguadoras de delicadeza e generosidade individuais.

Nas sociedades modernas, todas as coisas, mesmo em relação aos assuntos da área militar, são decididas não pelo esforço individual, mas por operações combinadas de números, uma vez que a principal ocupação da sociedade mudou da luta para os negócios, da vida militar para a industrial.

As exigências da nova vida não são mais exclusivas das virtudes de generosidade como eram antigamente, mas não dependem mais inteiramente delas. As bases principais da vida moral dos tempos modernos devem ser a justiça e a prudência, além do respeito de cada um pelos direitos dos outros e da habilidade de cada pessoa em cuidar de si mesma.

O cavalheirismo não confirmou legalmente todas as formas de erro que reinaram sem punição sobre a sociedade; somente encorajou alguns a optarem pelo que era certo ao invés de optarem pelo que era errado, pela direção que proporcionou aos instrumentos do elogio e da admiração. Mas, a dependência real da moralidade sempre deve estar baseada em suas sanções penais – em seu poder de impedir o mal.

A segurança da sociedade não pode basear-se simplesmente em honrar o que é certo, um motivo comparativamente fraco em todos os casos, exceto em alguns, e que em muitos deles absolutamente não funciona.

A sociedade moderna é capaz de reprimir os erros em todas as áreas da vidapelo exercício adequado da força superior, proporcionado pela civilização, e, portanto, permitir a existência dos membros mais fracos da sociedade (não mais indefesos, mas protegidos pela lei), toleráveis a este exercício, sem confiar nos sentimentos de cavalheirismo daqueles que estão em posição de exercer a tirania.

As belezas e os encantos do cavalheirismo ainda são os mesmos, mas os direitos dos fracos e o conforto geral da vida humana baseiam-

-se agora em um suporte muito mais certo e firme – ou melhor: eles são assim em relação à vida, exceto a conjugal.

Nos dias atuais, a influência moral da mulher não é menos real, mas não é mais um caráter tão marcante e definitivo: incorporou-se intimamente à influência geral da opinião pública.

Tanto pela propagação da simpatia quanto do desejo dos homens em brilharem nos olhos das mulheres, os sentimentos femininos têm grande efeito em manter vivo o que restou do ideal de cavalheirismo – o encorajamento dos sentimentos e a continuação das tradições de espírito e generosidade.

Nestes pontos do caráter, o padrão delas é muito mais elevado do que o dos homens; porém, na qualidade de justiça é, um pouco inferior.

No que se refere aos relacionamentos da vida privada, pode-se dizer, no geral, que a influência feminina encoraja as virtudes mais delicadas e desencoraja as mais severas, embora tal afirmação deva considerar todas as modificações que dependem do caráter individual. Quanto aos maiores julgamentos aos quais a virtude está sujeita nos assuntos da vida – o conflito entre interesse e princípio – a tendência da influência feminina é de caráter bem misturado.

Quando o princípio envolvido é um dos poucos que o sua religião ou educação moral fortemente incutiu nelas, elas são auxiliares poderosas da virtude, e seus maridos e filhos são frequentemente instigados por elas a realizar atos de abnegação dos quais eles não seriam capazes sem tal estímulo.

Mas, com a atual educação e posição das mulheres, os princípios morais que foram incutidos nela abrangem uma pequena parte do campo das virtudes e são, além disso, principalmente negativos, proibindo comportamentos particulares, mas quase não seguindo a direção geral dos pensamentos e propósitos.

Receio que se deva dizer que a indiferença pela conduta geral da vida – a dedicação das energias para propósitos que não garantem nenhuma promessa de vantagens particulares para a família – raramente é encorajada ou apoiada pela influência feminina.

Elas têm pouca culpa pelo fato de desencorajarem objetivos nos quais elas aprenderam a não ver vantagem alguma e que desviam seus homens delas e dos interesses da família.

Mas, a consequência é que a influência feminina geralmente não é favorável à virtude pública.

As mulheres têm, contudo, uma parcela de influência sobre as moralidades públicas, uma vez que sua esfera de ação se expandiu um pouco e que um número considerável delas tem se ocupado da promoção de objetivos que vão além de suas famílias e assuntos domésticos.

A influência feminina contribui muito para duas das características mais marcantes da vida europeia moderna: sua aversão pela guerra e sua dedicação à filantropia.

Ambas as características são excelentes, mas, infelizmente, se a influência das mulheres é valiosa para encorajar estes sentimentos em geral, nas aplicações em particular da direção dada a eles é, no mínimo, frequentemente tão prejudicial quanto útil.

Na área filantrópica, particularmente, as duas funções principais desenvolvidas pelas mulheres são o proselitismo religioso e a caridade. O proselitismo religioso no lar não é nada mais do que outra palavra para a exasperação das animosidades religiosas; fora isto, geralmente é uma corrida cega em busca de um objetivo, sem saber ou levar em consideração os prejuízos calamitosos para o próprio objetivo religioso e para todos os outros objetivos que podem ser produzidos pelos meios utilizados.

Quanto à caridade, o efeito imediato sobre as pessoas diretamente envolvidas e a máxima consequência para o bem geral estão prontos para se transformar em uma guerra completa de um contra o outro; pois, a educação dada às mulheres – uma educação de sentimentos e não de entendimento – e os hábitos incutidos durante toda sua vida – de olhar para os efeitos imediatos sobre as pessoas, e não para os efeitos remotos sobre as classes de pessoas –, tornam-nas incapazes de ver e relutantes em admitir a pior tendência de qualquer forma de caridade ou filantropia que se coloca aos cuidados dos sentimentos femininos compreensivos.

Cresce a quantidade de benevolência ignorante e sem visão, que, ao cuidar da vida das pessoas que estão fora de seu controle e aliviar as consequências desagradáveis de seus atos, destrói os alicerces das bases de autorrespeito, autoajuda e autocontrole – condições essenciais tanto para a prosperidade individual quanto para a virtude social. Este desperdício de recursos e de sentimentos benevolentes, que prejudicam em vez de fazer o bem, é imensamente intensificado pelas contribuições das mulheres e estimulado por sua influência.

Não que isto seja um erro provável a ser cometido pelas mulheres, uma vez que elas realmente têm a administração prática dos esquemas de beneficência. As mulheres que administram as caridades públicas – com o discernimento do fato presente e especialmente das mentes e dos sentimento daqueles com que elas têm contato imediato, área em que as mulheres geralmente se destacam mais que os homens –, por vezes, reconhecem de modo claro a influência desmoralizante dos donativos oferecidos e da ajuda proporcionada, e dão lições sobre o assunto para muitos economista políticos do sexo masculino.

Mas, como se pode esperar que as mulheres, que somente dão dinheiro e não tomam conhecimento dos efeitos que isto produz, possam prever tais efeitos? Como uma mulher que nasceu na presente condição e se contenta com isso, poderia apreciar o valor da independência? Ela não é independente e não foi ensinada a ser independente; seu destino é receber tudo dos outros, e por que o que é bom para ela seria ruim para os pobres? Suas noções familiares de coisas boas são de benefícios recebidos de um superior.

Ela esquece que ela é livre e que os pobres são; ela não sabe que se os pobres precisam elas recebem sem merecer e eles não poderão ser obrigados a ganhar; que um não pode cuidar do outro, mas deve haver um motivo para fazer com que as pessoas cuidem de si mesmas e que, para serem ajudadas, elas devem ajudar a si mesmas; se elas são fisicamente capazes de fazer; esta é a única caridade que prova ser uma caridade com propósito.

Estas considerações mostram como o papel proveitoso que as mulheres assumem na formação da opinião geral seria modificado para melhor caso recebessem uma instrução mais ampla e um conhecimento prático mais profundo dos assuntos que são influenciados por suas opiniões, que necessariamente surgiriam a partir de sua emancipação social e política. Porém, o aprimoramento que seria obtido pela influência que elas exercem na própria família seria ainda mais marcante.

Geralmente, se diz que, nas classes sociais mais expostas às tentações, a esposa e os filhos de um homem tentam mantê-lo honesto e respeitável, tanto pela influência direta da esposa quanto pela preocupação que ele tem com sua prosperidade futura.

Isto pode ser verdadeiro, e sem dúvida frequentemente é, com aqueles que são mais fracos do que cruéis. Esta influência benéfica seria preservada e fortalecida sob leis de igualdade, uma vez que não depende da servidão da mulher. Mas é, pelo contrário, reduzida pelo desrespeito que a classe social inferior masculina sempre sente em relação àqueles que estão sujeitos ao seu poder. Porém, quando subimos na escala social, encontramos um conjunto totalmente diferente de forças propulsoras. A influência feminina tenta, até onde é possível, evitar que o marido esteja abaixo do padrão comum de aprovação do país.

Tal influência tenta vigorosamente impedi-lo de desenvolver-se acima deste padrão. A esposa auxilia a opinião pública comum. Um homem casado com uma mulher com inteligência inferior a considera como um perpétuo peso morto, ou, pior do que um peso morto, uma draga, de toda aspiração que ele tenha melhor do que a exigida pela opinião pública.

É quase impossível para alguém que tenha essas obrigações atingir a virtude sublime. Se a opinião dele é diferente da maioria, se ele observa as verdades que ainda não foram manifestadas por outros, ou se, sentindo intimamente as verdades que os outros nominalmente reconheceram, ele gostaria de colocá-las em prática de modo mais consciente do que a generalidade da raça humana – para todos estes pensamentos e desejos –, o casamento é o mais difícil de todos os obstáculos, a menos que ele tenha sorte de ter uma esposa que esteja em um nível comum a ele.

Pois, em primeiro lugar, existe sempre algum sacrifício necessário e de interesse pessoal, seja de consequência social ou de meios monetários – talvez até mesmo o risco dos meios de subsistência. Ele pode querer enfrentar estes sacrifícios e riscos sozinho; mas, ele irá parar antes de submeter sua família a eles. E, neste caso, sua família significa sua esposa e suas filhas, pois ele sempre espera que seus filhos homens se sintam como ele mesmo se sente, e o que ele pode dispensar, eles também irão dispensar voluntariamente pela mesma causa.

Mas, por melhor e menos egoísta que fosse o homem, será que ele não hesitaria antes de trazer as consequências destes sacrifícios para a esposa e as filhas? Levando em consideração que: o casamento de suas filhas poderia depender disso; que sua esposa seria incapaz de entender os objetivos pelos quais estes sacrifícios são feitos e, se considerasse que tais objetivos valessem o sacrifício, pensaria assim somente para o próprio bem do marido – não podendo compartilhar nenhum entusiasmo ou autoaprovação que ele possa sentir, uma vez que as coisas que ele está disposto a sacrificar dependem totalmente dela. Se isto não servir de consolo para a vida e for somente consideração social, então será perigoso, pois o fardo sobre sua consciência e sobre seus sentimentos ainda é muito pesado. Qualquer um que tenha esposa e filhos já penhorou algum objeto com Mrs. Grundy.

A aprovação deste potentado pode ser uma questão de indiferença para ele, mas é de grande importância para sua esposa.

O próprio homem pode colocar-se acima da opinião ou pode encontrar compensação suficiente nas opiniões daqueles que pensam como ele. Mas para as mulheres ligadas a ele, ele não pode oferecer nenhuma compensação. A tendência quase invariável da esposa em exercer sua influência, na mesma escala, com a opinião social é, alguma vezes, transformada em vergonha para as mulheres e representa um traço peculiar da fraqueza e infantilidade de caráter delas – certamente com grande injustiça.

A sociedade transforma toda a vida da mulher, das classes sociais sugestionáveis, em contínuo autossacrifício; a sociedade exige delas uma limitação constante de todas as suas inclinações naturais e o único retorno que elas têm por esse martírio é a consideração.

Sua consideração está inseparavelmente conectada com a de seu marido e, depois de pagar o preço total por isso, ela descobre que está para perder tal consideração, por nenhuma razão da qual ela possa sentir irrefutabilidade. Ela sacrificou sua vida toda por tal consideração e seu marido não irá sacrificar um capricho, uma fantasia ou uma excentricidade por tal consideração; algo não reconhecido ou não permitido pelo mundo e com o qual o mundo concordará com ela em considerar como uma insensatez, se não considerar como coisa pior!

O dilema é mais difícil nas classes sociais meritórias dos homens, os quais, sem possuir quem os qualifiquem entre aqueles com quem concordam, mantêm sua opinião a partir da convicção e sentem-se limitados em honra e consciência a servir a tal convicção, fazendo de sua crença uma profissão e oferecendo seu tempo, trabalho e meios de sobrevivência à qualquer coisa realizada em nome desta convicção.

O pior caso é quando tais homens fazem parte de uma classe e posição sociais que nem lhes proporciona nem os exclui do que é considerado a melhor sociedade. Quando sua admissão em tal sociedade depende principalmente do que se pensa deles em particular – e, embora sua educação e seus hábitos sejam comuns –, eles são identificados por opiniões e conduta pública inaceitáveis para aqueles que ditam as regras da sociedade e que, realmente, o excluiriam.

Muitas mulheres se iludem (nove vezes entre dez, de modo bastante errôneo) achando que nada pode evitar que elas e seus maridos mudem-se para sociedade mais elevada da vizinhança – sociedade na qual outras bem conhecida por elas, e com a mesma classe de vida, relacionam-se livremente – devido ao fato de que seu marido infelizmente é um herege ou tem a reputação de associar-se com políticos radicais inferiores.

Ela acha que esta é a razão que impede George de conseguir um posto ou uma colocação, Caroline de realizar um casamento vantajoso, assim como impede que ela e seu marido recebam convites e outros privilégios, pois, do modo como ela vê, eles têm os mesmos direitos que algumas pessoas. Com a mulher exercendo tal influência dentro de sua casa, tanto ativamente como atuando energicamente para que não seja reivindicada, é de se estranhar que as pessoas em geral sejam mantidas sob essa mediocridade de respeitabilidade que está tornando-se uma característica marcante dos tempos modernos?

Existe outro aspecto muito prejudicial sobre o qual o efeito precisa ser levado em consideração – não o efeito direto das incapacidades da mulher, mas o efeito da imensa linha de diferença que tais incapacidades criam entre a educação e o caráter de uma mulher e o de um homem. Nada pode ser mais desfavorável para união de pensamentos e tendências que seja ideal para vida de casado.

O convívio íntimo entre pessoas radicalmente diferentes umas das outras é um sonho infundado. A diferença pode atrair, mas é a semelhança que assegura a relação; e, em proporção à semelhança, está a adequabilidade dos indivíduos para oferecerem uma vida feliz um ao outro.

Uma vez que as mulheres são tão diferente dos homens, não é de se estranhar que os homens egoístas devessem sentir a necessidade de ter o poder arbitrário nas próprias mãos, para controlar *in limine* os conflitos de tendências ao longo da vida, decidindo cada questão para o lado de suas preferências. Quando as pessoas são extremamente diferentes, pode não haver nenhuma identidade real de interesse.

Muito frequentemente existe uma diferença de opinião consciente entre as pessoas casadas sobre os pontos mais elevados da obrigação. Existe alguma realidade no casamento onde isto aconteça? Embora não seja incomum em alguns lugares, isto acontece quando a mulher tem um caráter de seriedade – e, de fato, é um caso geral nos países católicos, quando ela é apoiada em sua discordância pela única autoridade a qual lhe ensinaram respeitar, o padre.

Com a impudência usual de poder, geralmente não disputado, a influência dos padres sobre as mulheres é atacada pelos escritores protestantes e liberais, não tanto por ser ruim em si mesma, mas porque é uma autoridade contrária à do marido e causa a revolta contra sua infalibilidade. Na Inglaterra, ocasionalmente, existem diferenças similares quando uma esposa evangélica une-se a um marido de qualidade diferente; mas, em geral, esta fonte de discordância desaparece, reduzindo-se a nulidade das mentes das mulheres, que não têm opiniões que não sejam as mesmas que Mrs. Grundy ou aquelas que seu marido quer que tenham.

Quando não há diferença de opinião, as simples diferenças de gosto podem ser suficientes para diminuir imensamente a felicidade da vida de casado. Embora tal diferença possa estimular as tendências amorosas dos homens, não conduz à felicidade da vida conjugal. Para piorar a situação, existem diferenças de educação não importando quais sejam as diferenças naturais entre os sexos.

Se o casal é formado por pessoas bem-educadas e de bom comportamento, elas toleram os gostos um do outro. Mas será que é tolerância mútua o que as pessoas esperam ter quando se casam?

Estas diferenças de tendências naturalmente fará com que os desejos das pessoas sejam diferentes, se não estiverem limitados por afeição e obrigação em relação a quase todos os assuntos domésticos que surgirem.

Que diferença deve existir numa sociedade em que as duas pessoas terão o desejo de frequentar ou de receber em casa! Cada um deles terá o desejo de associar-se com aqueles que compartilham de seus gostos: as pessoas que concordam com um deles serão indiferentes ou irão explicitamente discordar do outro. Contudo, deve haver alguém que seja comum a ambos, pois as pessoas casadas não vivem agora em diferentes partes da casa e também não têm listas de visitas totalmente diferentes, como no reinado de Luís XV.

Elas não podem evitar o fato de terem desejos diferentes, como no caso da criação dos filhos: cada um vai querer ver as próprias inclinações e os próprios sentimentos reproduzidos nos filhos. Então, deverá haver um compromisso e somente uma satisfação parcial para cada um deles, ou a esposa terá que ceder – geralmente com um sofrimento desagradável; e, com ou sem intenção, a influência reprimida da esposa irá continuar a contrapor-se aos propósitos do marido.

É claro que seria exagerado supor que estas diferenças de sentimento e tendências existem, que somente as mulheres são criadas de modo diferente dos homens e que não haveria diferenças de gosto sob qualquer circunstância imaginável.

Não há nada, além da evidência, que diga que a diferença de criação agrava intensamente as outras diferenças e torna-as completamente inevitáveis. Mesmo com a educação das mulheres sendo como é, um homem e uma mulher irão raramente encontrar um no outro uma combinação real de gostos e desejos em relação à vida diária.

Eles geralmente terão que desistir de alguns gostos ou desejos e terão que abrir mão de tentar obter, no convívio íntimo de suas vidas diárias, aquele *idem velle, idem nolle* - compromisso reconhecido por qualquer sociedade que funciona deste modo. Se o homem conseguir obter este compromisso, ele irá fazê-lo escolhendo uma mulher que anule-se completamente, que não tenha nenhum *velle* ou *nolle* e que esteja pronta para aceitar qualquer coisa que alguém lhe peça para fazer.

Até mesmo esta estimativa pode falhar; a inércia e a falta de coragem não são sempre uma garantia da submissão confiantemente esperada das mulheres.

Mas, se elas servissem de garantia, seria este o propósito do casamento?

Neste caso, o que o homem ganha com o casamento, exceto uma serva de nível superior, uma enfermeira ou uma dona de casa?

Pelo contrário, quando cada um deles, em vez de ser nada, é alguma coisa. Quando estão unidos um ao outro e não são muito diferentes, a participação constante nas mesmas coisas, auxiliada pela solidariedade do casal, destaca as capacidades latentes de cada um em se interessar pelas coisas que são primeiramente interessantes somente para o outro. Isto produz uma assimilação gradual de tendências de um em relação ao outro, parcialmente pela modificação inconsciente de cada um, mas, principalmente, por um verdadeiro enriquecimento das duas naturezas, cada uma adquirindo as tendências e capacidades do outro além das próprias.

Isto geralmente acontece entre dois amigos do mesmo sexo ligados em suas vidas diárias, e seria um caso comum, se não o mais comum de todos, no casamento, caso a educação totalmente diferente dos dois sexos não tornasse quase que impossível uma união bem ajustada. Se este problema fosse resolvido, quaisquer que fossem as diferenças nos gostos individuais, haveria, no mínimo, como regra geral, uma completa unidade e unanimidade no que se refere aos grandes objetivos da vida.

Quando ambos se importam com grandes objetivos e ajudam e encorajam um ao outro em relação a estes objetivos, os assuntos menores sobre os quais seus gostos podem ser diferentes não terão importância alguma para eles. Existe, então, base para uma amizade sólida, de caráter duradouro, que proporcionará mais do que qualquer outra coisa, por toda a vida, um grande prazer a cada um em agradar o outro, mais do que o prazer de ser agradado.

Tenho considerado, até aqui, os efeitos dos prazeres e benefícios do casamento que dependem da simples diferença entre esposa e marido; mas a tendência nociva é imensamente agravada quando a diferença é a inferioridade. A simples diferença, quando significa somente diferença de boas qualidades, pode ser muito mais um benefício para o aprimoramento mútuo do que um obstáculo para a satisfação.

Quando cada um tenta, deseja e se esforça para adquirir as qualidades peculiares do outro, a diferença não produz diversidade de interesses, mas uma identidade crescente de tais interesses e torna cada um mais valioso para o outro.

Porém, quando um deles é muito inferior ao outro em habilidade mental e desenvolvimento e não tenta ativamente, com a ajuda do parceiro, chegar ao nível do outro, a influência geral da ligação com o desenvolvimento daquele que é superior vai se deteriorando. Isto acontece ainda mais em um casamento razoavelmente feliz do que em um casamento infeliz.

Não é com impunidade que o superior em inteligência se une ao inferior e o elege como escolhido e único companheiro íntimo. Qualquer sociedade que esteja se deteriorando em vez de se aprimorando, quanto mais se deteriora, mais íntima e familiar se torna tal deterioração.

Mesmo um homem realmente superior quase sempre começa a se deteriorar quando habitualmente (como diz a frase) é o rei da própria companhia; e, em sua companhia, está sempre o marido que tem uma esposa inferior a ele.

Enquanto, de um lado, sua autossatisfação é ministrada de forma incessante em sua mente, por outro lado, ele inconscientemente absorve os modos de sentir e observar das coisas, que pertencem a uma mente mais vulgar ou mais limitada do que a sua. Este mal é diferente de muitos outros que já foram mencionados aqui, por ser um mal crescente. A união de homens e mulheres na vida diária é muito mais íntima e mais completa do que já foi antes.

A vida dos homens é mais doméstica. Antigamente, seus prazeres e ocupações estavam entre os homens e na companhia deles; suas esposas tinham somente uma pequena participação em suas vidas. Nos tempos atuais, o progresso da civilização e a mudança de opinião contra os entretenimentos irregulares e os excessos da vida social, anteriormente ocupavam a maioria dos homens em suas horas de relaxamento – junto com (deve-se dizer) o caráter aprimorado do sentimento moderno de reciprocidade de obrigações que cria um vínculo do homem em relação à sua esposa – levaram o homem a ficar muito mais em casa na companhia de sua família, para seu prazer pessoal e social. Enquanto o tipo e grau de aprimoramento atingido na educação das mulheres tornou-as, até certo ponto, capazes de acompanhar as ideias e as aptidões mentais deles, deixou-as, na maioria das vezes, ainda irremediavelmente inferiores a eles.

O desejo dele em ter uma comunhão mental é, portanto, em geral, insatisfeito numa comunhão com a qual ele não aprende nada. Um companheirismo inaproveitável e desestimulante é substituído pela (o que ele pode, por outro lado, ter sido obrigado a procurar) sociedade de pessoas com poderes iguais aos dele e por companheiros nas atividades mais elevadas.

Deste modo, podemos observar que jovens homens promissores geralmente param de aprimorar-se assim que se casam; e, não se aprimorando, eles inevitavelmente começam a se degenerar. Se a esposa não o incentiva a progredir, ela sempre irá detê-lo. Ele para de importar-se com o que ela não se importa; ele não deseja mais fazer parte e acaba desgostando e afastando-se da sociedade compatível com suas aspirações anteriores, e que agora se envergonharia dele por ter abandonado tais aspirações; suas aptidões mais elevadas, tanto na mente quanto no coração, não são mais colocadas em atividade.

Esta mudança coincide com interesses novos e egoístas que são criados pela família e, após alguns anos, ele não é diferente em nenhum aspecto material daqueles que nunca desejaram outra coisa a não ser as futilidades e a realização de objetivos monetários comuns.

Eu não tentarei descrever como seria o casamento no caso de duas pessoas de aptidões aprimoradas, idênticas em opiniões e propósitos, entre as quais realmente exista o melhor tipo de igualdade, similaridade de poderes e capacidades com superioridade recíproca, no qual cada um deles poderia apreciar o luxo do respeito mútuo e teria, alternadamente, o prazer de conduzir e de ser conduzido no caminho do aprimoramento.

Para aqueles que não conseguem conceber tal ideia, isto pareceria o sonho de um entusiasta.

Mas ainda mantenho, com a mais profunda convicção, que este, e somente este, é o casamento ideal; e que todas as opiniões, os costumes e as instituições que favoreçam outro tipo de noção sobre o casamento, ou que colocam os conceitos e aspirações ligadas a ele em outra direção, por qualquer que seja a desculpa apresentada, são relíquias do barbarismo primitivo.

A regeneração moral da raça humana irá realmente começar quando a mais fundamental das relações sociais for colocada sob a regra da justiça de igualdade e quando os seres humanos aprenderem a desenvolver sua solidariedade mais forte de acordo com a igualdade de direitos e de aprimoramento.

Até aqui, os benefícios aparentes que o mundo teria ao parar de fazer do sexo uma desqualificação para os privilégios e um símbolo de submissão são mais sociais do que individuais, baseando-se num aumento do valor em geral do pensamento e do poder atuante e num aprimoramento das condições gerais da união de homens e mulheres.

Mas seria uma exposição incompleta do caso omitir o benefício mais direto de todos, o proveito indescritível da felicidade privada para a metade da espécie libertada: a diferença para as mulheres entre uma vida de sujeição aos desejos dos outros e uma vida de liberdade racional. Depois das necessidades primárias de alimentação e vestuário, a liberdade é a primeira e a mais forte carência da natureza humana.

Uma vez que os seres humanos são anárquicos, o seu desejo é de possuir uma liberdade anárquica.

Quando eles aprendem a entender o significado de obrigação e o valor da razão, inclinam-se cada vez mais a serem guiados e limitados por tais obrigações e valores no exercício de sua liberdade. Contudo, eles não desejam menos liberdade: não estão dispostos a aceitar a vontade de outras pessoas como representantes e intérpretes destes princípios orientadores.

Pelo contrário, as comunidades nas quais a razão tem sido mais desenvolvida e a ideia de obrigação social tem se tornado mais poderosa são aquelas que mais fortemente asseguram a liberdade de ação do indivíduo – a liberdade de cada um para controlar sua conduta pelos próprios sentimentos de obrigação e de leis e limitações sociais que a própria consciência pode aprovar.

Aquele que certamente apreciaria o valor da independência pessoal como um elemento de felicidade, também iria considerar o valor que ele próprio coloca sobre tal independência como um componente de si mesmo. Não há nenhum assunto sobre o qual exista maior diferença habitual de julgamento do que entre um homem julgando a si mesmo e o mesmo homem julgando outras pessoas.

Quando ele ouve outros reclamando que não têm liberdade de ação – que seus desejos próprios não têm influência suficiente para administrar seus assuntos – a sua tendência é perguntar: quais são seus ressentimentos?

Por quais perdas evidentes eles estão passando e em quais aspectos eles consideram que seus assuntos estão sendo mal administrados? E, se os outros falharem em demonstrar, nas respostas para estas questões, o que lhes parece suficiente, ele se faz de surdo e considera suas reclamações como uma lamentação extravagante de pessoas que não se satisfazem com nada que seja razoável.

Porém, ele tem um padrão de julgamento bem diferente quando está decidindo por si mesmo. Então, a administração mais comum de seu interesse feita por um preceptor superior a ele não satisfaz seus sentimentos; sua exclusão pessoal da autoridade de decidir parece a maior injustiça de todas, considerando desnecessário até mesmo entrar na questão da má administração. Acontece a mesma coisa com as nações.

Que cidadão de um país livre ouviria qualquer proposta de boa e habilidosa administração em troca da abdicação de liberdade? Mesmo que ele pudesse acreditar que tal administração possa existir entre um povo governado pela vontade de outros – que não a própria –, não seria a consciência de resolver sobre o próprio destino sob sua responsabilidade moral uma compensação para seus sentimentos de grande rigor e imperfeição nos detalhes dos assuntos públicos?

Ele deve ter certeza de que, seja o que for que ele possa sentir sobre questão, as mulheres sentem de modo totalmente igual. O que quer que tenha sido dito ou escrito, desde os tempos de Heródoto até o presente, sobre a influência enobrecedora do governo livre – a coragem e o vigor que tal governo concede a todas as aptidões, os objetivos maiores e mais elevados que ele oferece ao intelecto e aos sentimentos, o patriotismo mais altruísta, os pontos de vista mais plácidos e mais liberais sobre as obrigações que tal governo cria e a plataforma mais sublime na qual ele exalta o indivíduo como um ser moral, espiritual e social – é, em cada uma de suas partes, tão verdadeiro para as mulheres quanto para os homens. Estas coisas não são uma parte importante da felicidade individual?

Cada homem deve lembrar o que ele próprio sentiu ao sair de sua infância – da tutela e do controle dos mais velhos, por mais que ele os amasse e fosse afeiçoado a eles – e assumir as responsabilidades da masculinidade. Não foi como o efeito físico de tirar um peso das costas, de livrar-se de um obstáculo, mesmo que tenha sido árduo? Ele não se sentiu duas vezes mais vivo, duas vezes mais um ser humano do que antes? E, ele imagina que as mulheres não possuem nenhum destes sentimentos?

Porém, é um fato admirável que as satisfações e as penitências de dignidade pessoal, embora consideradas um conjunto por todos os homens quando o caso for o seu próprio, têm menos aprovação deles no caso de outras pessoas, e são menos ouvidas como base ou justificativa de conduta do que qualquer outro sentimento humano natural. Talvez porque os homens elogiam a eles próprios, quando o caso é o deles, com nomes de tantas outras qualidades, que raramente têm consciência da poderosa influência que estes sentimentos exercem sobre as próprias vidas.

A parte deles não é menor e nem menos poderosa, podemos nos assegurar disso, nas vidas e sentimentos das mulheres.

Elas são ensinadas a reprimir suas tendências mais naturais e saudáveis, mas o princípio inerente permanece e é exteriorizado de forma diferente. Quando a liberdade é negada a uma mente ativa e vigorosa, esta mente irá procurar o poder: uma vez que o comando de si mesma foi recusado, ela irá assegurar sua personalidade tentando controlar os outros.

Impedir que qualquer ser humano tenha a própria existência e que só dependa de outros é oferecer uma recompensa alta demais ao sujeitar os outros ao próprio propósito.

Onde a liberdade não pode ser esperada, o poder será; e tal poder torna-se o principal objeto de desejo humano. Aqueles, para quem os outros não permitirão a administração impassível de seus assuntos, irão recompensar eles mesmos, se puderem, interferindo, para seus próprios interesses, nos assuntos dos outros.

Daí também surge a paixão das mulheres pela beleza pessoal, pela vestimenta e pela ostentação, assim como todas as maldades que resultam desta paixão, na forma de suntuosidade maliciosa e imoralidade social.

O amor pelo poder e o amor pela liberdade são um antagonismo externo. Onde há menos liberdade, a paixão pelo poder é mais ardente e inescrupulosa.

O desejo de exercer poder sobre os outros somente poderá deixar de ser uma atividade corrupta entre os seres humanos quando cada um deles, individualmente, for capaz de ficar sem tal poder – o que só poderá acontecer onde o respeito pela liberdade nos assuntos pessoais de cada um for um princípio estabelecido.

O sentimento de dignidade pessoal que a livre tendência e o controle das próprias aptidões traz é uma fonte de felicidade individual – e, quando está restrito e limitado, é uma fonte de infelicidade para os seres humanos e não menos para as mulheres. Não existe nada, depois da doença, da miséria e da culpa, tão desastroso para o deleite prazeroso da vida do que a falta de um escape valioso para as aptidões ativas.

As mulheres que cuidam de uma família têm este escape, e geralmente ele é suficiente para elas. Mas e quanto ao número crescente de mulheres que não têm oportunidade de exercitar a vocação que é ridicularizada por outros que perguntam se esta vocação é própria delas? E quanto às mulheres que perderam seus filhos por morte ou pela distância, ou porque cresceram, casaram-se e formaram seus próprios lares?

Existem exemplos abundantes de homens que, depois de uma vida absorvida pelos negócios, aposentaram-se com uma renda suficiente para apreciar outras coisas, como esperado, mas para quem, uma vez que eles são incapazes de adquirir novos interesses e emoções que possam substituir os antigos, a mudança para uma vida inativa traz o tédio, a melancolia e a morte prematura.

Contudo, ninguém pensa no caso paralelo de tantas mulheres valiosas e devotadas que, tendo pago seu débito com a sociedade, como lhes é ensinado – tendo irrepreensivelmente criado uma família até a fase adulta, tendo cuidado de uma casa enquanto tinham uma casa que precisava de cuidados – são abandonadas pela única ocupação para a qual elas se adaptaram e continuam com uma atividade não diminuída, mas que não é utilizada – a menos talvez que uma filha ou nora tenha vontade de abdicar, em favor da mãe ou da sogra, da execução das mesmas funções em seu novo lar e atividades domésticas.

Certamente, uma condição difícil para a idade avançada daquelas que executaram dignamente, enquanto lhes foi permitido, o que o mundo considera a única obrigação social delas.

Para tais mulheres e para as outras a quem esta obrigação não foi imposta – muitas das quais lamentam por toda a vida com a consciência de que tiveram suas vocações impedidas e que não puderem desenvolver suas atividades – os únicos recursos, em geral, são a religião e a caridade.

Mas sua religião, embora possa ser uma religião de sentimento e de prática ritual, não pode ser uma religião de ação, a menos que seja na forma de caridade.

Para a caridade, muitas delas são por natureza admiravelmente adequadas. Mas, para praticá-la de modo proveitoso ou, até mesmo, sem causar nenhum dano, é necessário ter uma educação, uma preparação complexa, conhecimento e poderes de julgamento de um administrador habilidoso.

Existem poucas funções administrativas de governo para as quais uma pessoa não seja adequada, considerando suas habilidades proveitosas para a caridade. Neste e em outros casos (principalmente no caso da educação dos filhos), as funções permitidas para as mulheres não podem ser realizadas apropriadamente sem que elas sejam treinadas para as funções que, para grande perda da sociedade, não têm permissão para exercer.

E, aqui, deixe-me observar o modo singular como a questão das incapacidades femininas é frequentemente apresentada por aqueles que acham mais fácil esboçar um quadro ridículo das coisas de que eles não gostam do que explicar os argumentos para tal.

Quando sugere-se que as capacidades executivas das mulheres e seus conselhos prudentes podem algumas vezes ser valiosos nos assuntos de estado, estes partidários, por prazer, mostram um exemplo ridículo ao mundo, colocando meninas adolescentes ou jovens esposas com seus vinte e dois ou vinte e três anos sentadas no parlamento ou no gabinete, transportadas fisicamente, exatamente como estavam, da sala de visitas para a Câmara dos Comuns.

Eles se esquecem que os homens geralmente não são selecionados nesta mesma idade para sentar-se no Parlamento ou para exercer funções políticas de responsabilidade.

O bom senso lhes diria que, se tais responsabilidades fossem confiadas às mulheres, essas mulheres deveriam ser aquelas que não tivessem nenhuma vocação especial para o casamento ou que preferissem outro emprego de suas aptidões (uma vez que muitas mulheres atualmente preferem o casamento a algumas ocupações respeitáveis que estão ao seu alcance), tendo passado os melhores anos de sua juventude tentando qualificar-se para as funções das quais elas desejam participar. Ou, ainda mais frequentemente, viúvas ou esposas com quarenta ou cinquenta anos, cujos conhecimentos da vida e cuja aptidão para o governo que elas adquiriram em suas famílias poderiam, pelo auxílio de estudos apropriados, estar disponíveis em uma escala menos limitada.

Não existe nenhum país na Europa no qual os homens mais capazes não experimentaram com frequência e apreciaram profundamente o valor dos conselhos e da ajuda de mulheres inteligentes e experientes, na obtenção de objetivos particulares e públicos. Existem importantes assuntos da administração pública para os quais poucos homens são igualmente competentes como estas mulheres – entre outros, o controle detalhado das despesas.

Mas, o que estamos discutindo agora não é a necessidade que a sociedade tem dos serviços das mulheres nos negócios públicos, mas a vida apática e inútil a que a sociedade geralmente as condena, proibindo-as de exercer as habilidades práticas das quais muitas delas têm consciência, em qualquer área mais ampla do que aquela que para algumas delas nunca foi e para outras não é oferecida.

Se existe alguma coisa vital para a felicidade dos seres humanos é o fato de que eles devem sentir prazer em realizar suas atividades habituais. Este requisito de uma vida agradável é concedido de modo muito imperfeito, ou totalmente negado, para uma grande parte da humanidade; e, devido a sua ausência, muitas vidas, aparentemente providas com todos os requisitos de sucesso, são um fracasso.

Mas, se as circunstâncias que a sociedade ainda não tem habilidade suficiente para superar provocam tais fracassos inevitáveis, até mesmo, no presente, a sociedade em si não precisa infligi-los.

A insensatez dos pais, a inexperiência própria da juventude ou a ausência de oportunidades externas para a vocação adequada e a presença de oportunidades para uma vocação incompatível condenam vários homens a passarem suas vidas fazendo algo de modo relutante e insatisfatório, quando existem outras coisas que eles poderiam ter feito adequadamente e com alegria. Mas, para as mulheres, esta sentença é imposta pela lei atual e pelos costumes equivalentes às leis.

O sexo significa, para todas as mulheres, aquilo que nas sociedades menos esclarecidas representa para alguns homens a cor, a religião, a raça e, no caso de países dominados, a nacionalidade: uma exclusão absoluta de quase todas as atividades nobres, exceto as que não podem ser exercidas por outros ou que outros não consideram aceitáveis.

Os sofrimentos que surgem de causas desta natureza geralmente são tão pouco compreendidos que algumas pessoas têm consciência da enorme infelicidade produzida, até mesmo, nos dias atuais, pelo sentimento de uma vida desperdiçada.

O caso será ainda mais frequente, uma vez que o desenvolvimento elevado cria uma desigualdade cada vez maior entre as ideias e aptidões das mulheres e o escopo que a sociedade permite para a atividade delas.

Quando consideramos o mal explícito causado à metade da raça humana devido à sua desqualificação – primeiramente, na perda do tipo mais inspirador e elevado de contentamento pessoal, e , depois, no aborrecimento, desapontamento e profunda insatisfação com a vida, que geralmente são os substitutos dela – é possível sentir que, entre todas as lições das quais os homens necessitam para continuar a batalha contra as imperfeições inevitáveis de sua condição na terra, não há nenhuma lição que eles mais precisem aprender do que a não adicionar os infortúnios infligidos pela natureza, as limitações de inveja e preconceito, uns sobre os outros.

Suas apreensões inúteis somente substituem outras aflições piores por aquelas sobre as quais eles estão inutilmente receosos, uma vez que toda restrição de liberdade de conduta de qualquer um de seus companheiros (a não ser que os faça responsáveis por qualquer dano realmente causado por tal restrição) pode secar, portanto, a fonte primitiva da felicidade humana e diminuir o aprimoramento da espécie a um ponto imperceptível, em todas as áreas que tornam a vida valiosa para cada ser humano.

Impressão e Acabamento:
Gráfica Oceano